Shanghai State-level Intangible Cultural Heritage Series

# Mian Quan

上海市国家级
非物质文化遗产代表性项目丛书

# 绵拳

编委会主任 —— 方世忠
本卷主编 —— 王震

绵拳

上海市国家级非物质文化遗产代表性项目丛书

上海市文化和旅游局
上海人民出版社

# 让上海非遗点亮美好生活

## 上海市国家级非物质文化遗产代表性项目丛书总序

中华文明，灿若星河。

非物质文化遗产（以下简称“非遗”）是中华文明绵延传承的生动见证，是连结民族情感、维系国家统一的重要基础，她与物质文化遗产共同承载着中华优秀传统文化，是文化多样性的重要体现。保护好、传承好、利用好非遗，对于延续历史文脉、坚定文化自信、推动文明交流互鉴、建设社会主义文化强国具有重要意义。

习近平总书记强调，中华优秀传统文化是中华文明的智慧结晶和精华所在，是中华民族的根和魂，是我们在世界文化激荡中站稳脚跟的根基。要坚持以社会主义核心价值观为引领，坚持创造性转化、创新性发展，找到传统文化和现代生活的连接点，不断满足人民日益增长的美好生活需要。党的十八大以来，以习近平同志为核心的党中央高度重视中华优秀传统文化保护传承弘扬工作，作出一系列重大部署、推出一系列务实举措，推动我国非遗保护传承工作取得了显著成绩。

上海是我国著名的历史文化名城。上海文化的源头可以追溯到6000年以前。青浦崧泽、福泉山，松江广富林、闵行马桥等地的考古发现表明，那时就已有先民劳动、休养、生息在这片土地上了。随着海岸线不断东移，上海先民的活动也不断顺势东进，约在10世纪前叶形成了现今的格局。千百年以来，上海因其水路交通便利，自唐宋逐渐成为繁荣港口；南宋咸淳三年（1267年）正式设立镇治；元朝至元二十八年（l291年），上海正式建县，这是上海建城的开始。至明代，上海地区商肆酒楼林立，已成为远近闻名的“东南名邑”；1685年，清政府设立上海江海关，一个国际性大商埠从此发展起来。上海县因交通便利、万商云集、物产丰富而被称为“江海之通津，东南之都会”。

时事变幻，世代更替。近代以来，开放、创新、包容的上海城市品格孕育了多元交融的海派文化和多姿多彩的上海非遗，其中既有生动的民间信仰和习俗，也有百姓喜闻乐见的歌舞、戏曲和丝竹乐曲，还有巧夺天工的传统技艺、撼人心魄的民间竞技和令人惊叹的工艺美术等。这些文化瑰宝融合古今、交汇东西，呈现鲜明的近现代工商业文化特征，在以农耕文明为主体的我国非遗体系中独具特色。

进入新时代，在党和国家的总体部署下，上海市深入学习贯彻习近平总书记关于中华优秀传统文化弘扬传承和非遗保护利用的重要论述，认真践行“人民城市人民建、人民城市为人民”重要理念，坚持创造性转化、创新性发展，积极开展非遗的普查建档、挖掘整理、抢救保护、传承培养、宣传推广、合理利用等各项实践，努力提升非遗系统性保护水平。一批珍贵、濒危和具有重要价值的非遗项目得到有效保护，高水平、专业化的非遗传承人队伍不断壮大，社会各界共同参与非遗保护传承的理念日益深入人心，非遗在促进经济社会发展、彰显中华文化魅力、坚定人民文化自信、彰显上海城市精神品格、提升城市软实力等方面发挥着越来越重要的作用。截至目前，市政府已陆续公布六批上海市非遗代表性项目名录，共计251项。其中，63项列入国家级非遗代表性项目名录。

让上海非遗点亮美好生活，是上海非遗人的努力方向。为了更好地保护和传承这些珍贵的文化遗产，真正让上海非遗活起来，更好地满足人民精神生活富足的新需求，更好地讲好中国故事、演绎上海精彩，我们从2009年起，启动了“上海市国家级非物质文化遗产代表性项目丛书”编辑出版工程。通过“一个项目一本书”的形式，采用文字、图片、大事记、知识链接等方式，对列入国家级非遗名录的上海项目进行生动而全面的介绍。截至目前，这套大型丛书已经累计出版分卷50余卷，对本市珍贵的文化遗存进行了系统性整理，也为非遗在社会公众中的传播普及发挥了积极作用。

回首过往，我们要向长期致力于上海非遗保护传承的传承者和工作者，向为“上海市国家级非物质文化遗产代表性项目丛书”编辑出版工作倾注心血的撰稿人、审稿专家和编辑们，表示衷心的感谢，致以崇高的敬意。展望前路，非遗保护事业亟需建功新时代、奋进新征程，让我们坚持守正创新，奋力推进上海非遗系统性保护、高质量发展的“卓越实践”，大力传承弘扬中华优秀传统文化和上海城市精神品格，更好构筑中国精神、中国价值、中国力量。

方世忠

上海市国家级非物质文化遗产代表性项目丛书编委会主任
上海市文化和旅游局局长
2022年6月

# Let Shanghai ICH Light Up a Better Life

Chinese civilization is as brilliant as the Milky Way.

Intangible Cultural Heritage (hereinafter referred to as "ICH") is a vivid witness to the continuous transmission of Chinese civilization, an important basis for linking national emotions and maintaining national unity. It carries the excellent traditional Chinese culture, which is an important embodiment of cultural diversity. It is important to protect, inherit and make good use of ICH to continue the historical lineage, strengthen cultural confidence, promote the exchange and mutual understanding of civilizations, and build a strong socialist cultural state.

General Secretary Xi Jinping stressed that China's fine traditional culture represents the wisdom and essence of Chinese civilization, is the root and soul of the Chinese nation, and serves as the foundation for China to gain a firm footing amidst global cultural interaction. We should adhere to the core socialist values as the leader, promote creative transformation and development, find the connection point between traditional culture and modern life, and constantly meet the growing needs of the people for a better life. Since the 18th National Party Congress, the Central Committee of the Communist Party of China with Comrade Xi Jinping at its core, has attached great importance to the protection and promotion of Chinese traditional culture, made a series of major plans and launched a series of pragmatic measures to promote the protection and the protecting work has made remarkable achievements.

Shanghai is a famous historical and cultural city. In fact, the origin of Shanghai culture can be traced back to six thousand years ago, as demonstrated by archaeological findings in the areas of Qingpu's Songze, Fuquanshan Hill, SongJiang's Guangfulin and Minhang's Maqiao showing that our ancestors were already working and living in the Shanghai area. Over time, the coastline gradually shifted eastward and along with our ancestor's activities. A geographical and municipal starting point that would be familiar to us today didn't form until around early 10th century. Until then, for thousands of years, given its proximity to convenient waterway transportation, Shanghai has gradually become a busy port starting from the Tang and Song Dynasties. In 1267, during the Southern Song Dynasty, Shanghai was formally established as a town. During the Yuan Dynasty in 1291, Shanghai was officially established as a county, which we take as the origin of Shanghai as a city. By the Ming Dynasty, shops and restaurants proliferating in Shanghai, it became one of the most important and famous cities in southeastern China. In 1685, the Qing government established an official customs operation Jianghaiguan in Shanghai. An international commercial port began to take shape. Since then, Shanghai was already known as the region's "Southeast metropolis and communications hub", due to good transportation systems, large number of merchants and rich natural resources.

Spatial and temporal changing, the rising and falling of different dynasties, especially with Shanghai's unique ecological environment and industrial and commercial civilization, gave birth to a variety of intangible cultural practices, reflecting traditional folk beliefs and values, their beloved dances, opera and "string and bamboo" music, as well as intricate traditional crafts, breathtaking folk athletics and creative arts. These cultural treasures were handed down from generation to generation, presenting distinctive features of modern industrial and commercial culture, which is unique in China's ICH system that is mainly based on agricultural civilization.

Under the overall plan of the Party and the State, Shanghai has studied and implemented the important remarks of General Secretary Xi Jinping on the promotion and inheritance of excellent Chinese traditional culture and the protection and utilization of ICH, and seriously practiced the important concept of "People's city built by the people and People's city for the people". We have been actively carrying out various practices such as census, archiving, excavation, rescue and protection, inheritance training, promotion and rational use of ICH, and striving to enhance the systematic protection of ICH. A number of precious, endangered and important ICH items have been effectively protected, the team of high-level and professional ICH inheritors has been growing, and the concept of joint participation of all sectors of society in the protection and inheritance of ICH is gaining popularity. The role of ICH is becoming more and more important. in promoting economic and social development, highlighting the charm of Chinese culture, strengthening the cultural confidence, highlighting the spiritual character of Shanghai, and enhancing the soft power of the city. Up to now, the municipal government has announced six batches of Shanghai's representative list of ICH projects, totaling 251 items. Among them, 63 items have been included in the national list of ICH representative projects.

In order to better protect and inherit these precious cultural heritages, to truly make Shanghai's ICH come alive, to better meet the new needs of people's spiritual enrichment, to tell well China's stories and to perform Shanghai's splendor, it's our responsibility to let Shanghai ICH light up a better life. Editing and publishing the Shanghai State-level Intangible Cultural Heritage Series is one of the ways we can fulfill this responsibility. Since 2009, in the form of "one item, one volume", we have provided a vivid and comprehensive introduction to Shanghai items that were included in the State-level Intangible Cultural Heritage list. We have done this by assembling text, pictures, memorabilia and knowledge chain etc. Thus far, this large series has published 50 volumes, giving a systematic collation of city's precious cultural relics, and doing so in a way that has also played a positive role in spreading and popularizing Intangible Cultural Heritage.

Now, as we enjoy the publication of this book series, we cannot fail to pay respect to the long committed inheritors and workers who continue to develop, protect, and pass along Shanghai Intangible Cultural Heritage. We cannot either fail to express our deep appreciation for the writers, peer reviewers and editors who have dedicated themselves wholeheartedly for "Shanghai State-level Intangible Cultural Heritage Series". Looking ahead, the cause of safeguarding ICH has entered a new historical stage. Let us adhere to the righteousness and innovation, and strive to promote the "excellent practice" of systematic protection and high-quality development of Shanghai ICH, vigorously inherit and promote the excellent Chinese traditional culture and the spiritual character of Shanghai, and better build the Chinese spirit, Chinese values and Chinese power.

Fang Shizhong

Director of the Editorial Committee
Shanghai State-level Intangible Cultural Heritage Series
Director-General of Shanghai Municipal Administration of Culture and Tourism
June 2022

## 目录

Contents

# 前言



绵拳是中华武术中的优秀拳种。早在20世纪80年代全国武术发掘整理时期，绵拳就被认定为“源流有序、拳理明晰、风格独特、自成体系”的拳种。2009年，绵拳被上海市杨浦区人民政府列入第二批非物质文化遗产代表性项目名录，2013年又成功申报上海市级非遗项目。2014年，绵拳入选国家级非物质文化遗产名录。在绵拳申请非遗的过程中，上海市杨浦区文化局、杨浦区非物质文化遗产保护分中心、江浦街道和传承人孙红喜付出了非常多的辛苦!

据在上海习练绵拳的传承人们认定，孟光银是最早在上海传授绵拳的大师。后来在徒弟李瑞九、孙福海、王家驹等人的传承下，绵拳在上海扎根发芽，涌现出了孙长根、孙宝庆、徐小龙、孙红喜等三代传人。尤其在申遗成功后，在第三代掌门人孙红喜的大力弘扬下，绵拳走出了兰桂坊，不仅在上海多个城区有了传承基地，还发展到上海以外的江阴、武义、杭州等地甚至法国、阿根廷等地。绵拳走进了特警部队，走进了中小学校园，让更多的人传承和习练绵拳技艺，锻炼了身心还陶冶了情操。

上海市非物质文化遗产保护中心自2016年开始着手组织编写并出版“上海市国家级非物质文化遗产代表性项目丛书”，这是一项对上海非遗名录项目进行系统、全面、完整的图书编撰和出版的工程。绵拳忝列其中，以丰富的史料和珍贵的图片追溯绵拳这个国家级非遗代表性项目的成因、历史、特色、传人和价值。本书编撰者以图文并茂的方式，向公众展现绵拳这一国家级非物质文化遗产代表性项目的传承脉络、技艺及文化价值，希冀更多的读者能够从中获益。

《绵拳》的编辑出版，得到了上海体育学院中国武术博物馆专家和保护单位——杨浦区江浦街道办事处的大力支持，同时，上海兰桂坊绵拳武术俱乐部的一大批绵拳传承人也参与其中，大家都为本书付出甚多。我们希望《绵拳》一书的出版发行能够进一步推动绵拳的传承与发展，让中华武术造福于人类。

# 绵拳发展
# 悠远久长

绵拳在上海扎根发展已有百年，
它跟其他中国武术拳种一样在上海这块土地上得到长足的发展。
在绵拳的传播历程中，涌现出了一大批绵拳的传承者，
他们用自己的身体力行保留
下来了中国武术这一精粹。

# The development and history of Mianquan

Mianquan has been rooted and developed in Shanghai for a hundred years.
Like other Chinese martial arts,
Mianquan has made great progress and develpment in Shanghai.
When spreading of Mianquan, a large number of inheritors emerged.
They kept and inherited the essence of Chinese martial arts with their own practice.

# 中华武术 源远流长

中国作为世界上最古老的文明古国之一，具有悠久的文化历史，在众多的文化集合中，武术占据着举足轻重的地位，是中国文化重要的组成部分，它的发展脉络一直贯穿在整个中华民族文化的演绎进程中。武术的起源可以追溯至原始社会的生产、生活实践活动中，与原始人类对于石器、骨器、木器的制造和使用有着密不可分的关系。以狩猎为主的原始人为了在恶劣的自然环境中生存下来，在面对凶猛的野兽时，凭借智慧练就了徒手与大自然斗争的本领，而且创制了大量的具有尖锋利刃的生产工具，并逐渐掌握了使用工具同野兽搏斗的技能。原始社会后期，私有制出现，社会等级分化，当生存资源的稀缺性与人类的自私性之间的矛盾不断激化时，为了本部落的繁衍生息，就爆发了原始的部落战争。如《史记》载："轩辕之时，神农氏世衰，诸侯相侵伐暴虐百姓，而神农氏弗能征，于是轩辕乃习用干戈。"《山海经》亦言："蚩尤作兵伐黄帝。"伴随残酷的战争，原始人手中的劳动工具转变为战场杀敌的兵器，还进一步出现了用于作战的专门器械，如"蚩尤作'五兵'"和蚩尤"以角抵人，而人不能向"的记载，这表明原始战争不仅有力地促进了器械的制作及技术的发生、发展，对徒手的擒、拿、摔、打等战斗技能的产生也有着巨大的促进作用。人与兽斗争的工具和技能开始转化为人与人之间的斗争工具和技能，中国武术也逐渐从生产实践的需求转化为服务于军事战争的战斗技能。

"国之大事，在祀与戎。"先秦时期攻城略地的争斗继续推动着武术的发展，频繁的战争促进了武术技艺的巨大进步，青铜工艺的普及带来了金属兵器的广泛使用。与此同时，武术也更多地参与了礼制、教育以及娱乐等活动，成为人们社会生活的重要组成部分，突出表现为"六艺"中的武艺教育。六艺是指礼、乐、射、御、书、数，其中射和御都与古代武术有着关联。人们对射的崇尚，来源于上古时代氏族社会的军事教育。射，指射箭技术的训练，射箭是征服野兽、抵御外敌的重要手段；而"御"是驾驶战车的技能。

春秋战国时期，各诸侯国之间战争频繁，参战士兵的数量大大增加，战争方式由车战逐渐过渡到以步战、骑兵混合作战，由此战争对士兵的体质与战斗技能提出了相应较高的要求。徒手搏斗虽然无益于大战之技，但它有助于提高士兵的身体素质，有助于掌握兵刃断杀技术，因而得到了统治者的重视，各国纷纷提倡和选拔有"拳勇"和善"技击"的士兵。如魏国选拔武卒的标准："衣三属之甲，操十二石弩，负矢五十个，置戈其上，冠胄带剑，三日之粮，日中而趋百里。"春秋战国时期"手搏"得到了长足发展，从军队到民间形成一股普遍的"手搏"之风。齐桓公要求乡大夫们"于子之乡，有拳勇股肱之力，筋骨秀于众者，有则以告，有而不以告，谓之蔽才，其罪五"。这里的"手搏"就是一种徒手对抗的技术，这种"似无益于大战之技"的搏斗对抗形式为后世武术拳种的发端奠定了基础。

秦统一六国后，为了巩固中央集权，防止叛乱，秦始皇下令"收天下兵，聚之咸阳"，并将收缴的兵械"销以为钟鐻金人十二，重各千石，置廷宫中"，强化了统治，民间持械习武受到了严刑峻法的约束。但是作为秦王朝的军事工具，秦军士兵并没有放下武器，而是仍然披坚执锐。秦始皇虽然收缴武器，禁习兵械，但是秦的"罢讲武之礼为角抵戏"。"角抵"是徒手的对抗性项目。角抵时，只限用"相搏"中的摔法进行较量，双方凭体力以摔倒对方来分胜负。由于角抵只限于摔法，不准拳打脚踢，以较力为主，更多地用于娱乐与表演，因此在禁武的秦朝，它不仅未被禁止，反而广泛在军中和民间流传开来，还出现了专门从事"角抵"的艺人，而且逐渐成为宫廷的娱乐项目。汉代，经过"文景之治"后，汉武帝时期国力强盛，经济发展，为开展角抵戏提供了物质条件。角抵作为具有娱乐性质的对抗搏斗活动，在秦汉时期的广泛流行，促进了武术的娱乐化和技击性的发展。

隋唐时期，是中国封建社会快速发展的时期，唐武则天所置武举制具有划时代的意义，以武取士的人才选拔制度化、规

### 武举

武举又名武科，是中国古代为选拔军事人才而设置的考试科目。作为一种朝廷的考试制度，武举制始于武则天长安二年（702年），废止于清光绪二十七年（1901年），前后时断时续绵延了1200年。

范化，使武术有了社会的发展需求，也促进了武术规模的发展扩大。武举制的建立使我国不仅选拔了一批勇武人才，更激发了民众的习武热情，推动了武艺的普及提高和武学教育的发展。这一制度对当时武术的发展起到一定的推动作用，一时间尚武之风盛行。特别是这一制度的建立为宋代武学的设立和发展奠定了基础，这在武术史中具有开创性的意义。

宋时期，由于多个民族政权存在并长期处于战争状态，尤其是宋与夏、辽、金、元都有过战争，因此，宋朝和其他民族政权都比较重视加强武备和军事训练，如设置武学和武举来培养和选拔军事人才，并伴有大量军事专著和兵书出现。如北宋著名的军事著作《武经总要》就记载了大量军队武艺训练的内容。此外，多民族政权的存在和频繁的战争促进了兵器种类的丰富和发展，在宋元时期已经出现了“十八般武艺”的记载，在和平时期和战争时期，又出现了诸多不同性质的结社组织，如南宋城市中以娱乐为主的“角抵社”和地方带有抗敌自卫性质的“忠义巡社”。宋元时期是中国武术发展的重要历史时期，武术套路的明确形成以及武术十八般武艺的史证都可以在宋元史料中找到。“瓦舍”“勾栏”及结社组织的出现，随着商业经济的繁荣，市民阶层的壮大，大量以习武卖艺为职业的民间艺人聚集其中进行表演，不仅有单练还有对练，极大地促进了套子武艺向表演化方向的发展，武术套路逐渐完善。

### 《武经总要》

《武经总要》是北宋官修的一部军事著作，作者为宋仁宗时的文臣曾公亮和丁度。两人奉皇帝之命用了五年的时间编成。该书是中国第一部规模宏大的官修综合性军事著作，对于研究宋朝以前的军事思想非常重要。书中大篇幅介绍了武器的制造，对古代中国军事史、科学技术史的研究也很重要。

### 十八般武艺

十八般武艺是：刀、枪、剑、戟、棍、棒、槊、镗、斧、钺、铲、钯、鞭、锏、锤、叉、戈、矛。

### 瓦舍

瓦舍也叫瓦子、瓦市。瓦舍里设置的演出场所称勾栏，也称钩栏、勾阑。勾栏的原意为曲折的栏杆，在宋元时期专指集市瓦舍里设置的演出棚，成为盛极一时的名俗。瓦舍的规模很大，大的瓦舍有十几座勾栏。

### 勾栏

勾栏，又作勾阑或构栏，是一些大城市固定的娱乐场所，也是宋元戏曲在城市中的主要表演场所。

明代武术形成了门派林立的繁荣景象，并流入军旅，与实战武艺相得益彰。而再由军旅武术流入民间而形成的民间武术，则进一步推动了明代武术运动的形成和发展。进入清代，随着冷兵器的淡出，民间武术第一次成为武术的主体，武术论著也大量问世，呈现出蓬勃发展的繁荣局面。

清代武术在明代的基础上进一步丰富和发展，无论是在武术套路、体系、理论，还是武术思想、功能的发展与演变上都有了较大的进步。武术拳种基本定型，从最初简单的攻防格斗动作，逐步发展成为一个庞杂的攻防格斗体系，它不仅极大地丰富了中国武术的门类，而且也使得中国武术从拳法到拳理更加趋于系统规范，基本摆脱了原始的攻防格斗技能和军事武艺，形成了有别于世界上任何一种格斗技术的文化形态，并具备了相当成熟的格斗体系。这从戚继光的《纪效新书》中可见一斑："古今拳家，宋太祖有三十二势长拳，又有六步拳、猴拳、囮拳，名势各有所称，而实大同小异。至今之温家七十二行拳、三十六合锁、二十四弃探马、八闪番、十二短，此亦善之善者也。吕红八下虽刚，未及绵张短打。山东李半天之腿，鹰爪王之拿，千跌张之跌，张伯敬之打。少林寺之棍，与青田棍法相兼；杨氏枪法与巴子拳棍皆今之有名者，虽各有所传，有上而无下，有下而无上，就可取胜于人，此不过偏于一隅。"这里戚继光将宋明时期各拳法家有特色的功法格斗技法进行了归纳，指出各家擅长的特色技法是"偏于一隅"的技击方法，是各有侧重的，此时还没有形成较为系统的拳种概念。而到清代徐珂所编撰的《清稗类钞·技勇篇》中显然有了拳种的基本内涵，更是列出了62种不同的拳种、器械和对练：“少林拳、太祖拳、通臂拳、大红拳、小红拳，二郎拳、路行拳、梅花拳、罗汉拳、地躺拳、关西拳，万古手、黄英手、三十看对手，打掌、谭腿、头进、六家势、廿四势、双实练、十八滚、短打、燕青、飞架、三步架、醉刘唐、双插子、双戟、三套子，大刀、单刀、少林单刀、少林双刀、春秋刀、梅花双刀、小提刀、连环刀、连环双刀、八卦刀、空手进刀，单刀花枪、单刀进枪、花枪大刀、花枪（一名六合枪）、对枪、金枪、川少枪、罗汉枪、刺膝枪，赤剑、虎头剑、八卦剑、八卦七星剑，少林棍、三节棍、棍进三节棍、空手进三节棍、双拐进三节棍、行钩、梅花虎头钩，软鞭，峨眉针。”

从这些描述中我们能够清晰地得出三方面信息：第一，对拳术进行了分类。虽然是以内、外家进行笼统区分，存在一定局限性，但我们还是可以从中看出对武术拳种分类的雏形。第二，对拳理进行了总结，逐步形成了武术的基本理论以及训练程序和要求。第三，对武术的技术体系进行了归纳，逐步形成了以拳术为主干，以各种各类器械套路和对练套路为补充的格斗技术体系。初步形成了武术拳种的体系，促进了武术体系自身内部的完善和发展，极大地丰富了武术的技击方法，规范了拳理和拳法体系，从而促使武术在根本上发生了重要的转变。这种转变使得武术在本质属性上，由外向实用性的攻防格斗技能转变为求得内向操作性的攻防格斗技术；在传承形式上，由社会群体性传承转变为民间师徒制的传承；在形式内容上，则由传统的单一拳术或器械的传承开始走向多种拳术或器械技击方法的整合传承，并且能够根据自身的武术特点和社会需要去重新组合，从而形成全新的格斗技术体系。

# 绵拳立世 追根溯源

绵拳作为中国武术拳种体系中的优秀代表，它的产生、发展都离不开中国武术发展的历史规律。由中国武术历史发展可知，绵拳最初应该产生于原始攻防格斗技能，存续于军事武术武艺拳法中，并于明清时期在特定历史环境下实现了攻防格斗技术的转型，形成了绵拳这一具有特定文化色彩的拳种体系。一般来说拳种形成的基本条件有三个：

一是成熟的攻防格斗技术，这是武术拳种产生的基础条件。武术拳种源于中国古代军事武艺，它是武术家们长期武术实践经验的总结，是对武术攻防格斗技能的提炼和规范。无论哪一个拳种，在它产生的初期，必然经历过大量的攻防格斗技术积累和实践的过程，才逐步形成了具有相对成熟、稳定的格斗技术体系。这从明代戚继光的《纪效新书》到清代徐珂的《清稗类钞·技勇篇》中所描述的拳法发展变化就可见一斑。再以少林拳为例，少林武术初期主要是以棍法见长，后来不断融入了各地的武术拳法以及其他器械的技击技术，逐步形成了独具特色的武术拳种。还有影响着古代军事武艺发展的“十八般武艺”，它成熟的格斗技术更是成为各路拳家丰富自身拳种器械内容的重要素材来源。因此，我们认为成熟的攻防格斗为武术拳种的创立提供了足够的技术储备，同时这也成为后期武术拳种不断丰富发展的基础。

二是独特的攻防格斗理论，这是武术拳种产生的必要条件。从文化人类学的视角来分析，古代的攻防格斗技能在不同地区、不同民族都存在着水平大致相当、形态基本一致的经验积累阶段。这一经验积累阶段，决定了原始格斗技能在起点上是实践的直接结果，还没有经过复杂的意识加工，因此，也就没有显示出地域性的差异，所表现的只是某种无意识的、本能的格斗技能。也正是由于这些简单的、直接的格斗经验在缺少主体的规定性之下，才具有了多方向的可塑性。也就是说，在这些经验的基础上积累、升华的格斗技术，既可以被一种理论所说明加以完善，也可以被另一种理论来加以解释。所以，在这一起点上才构成了后来带有鲜明风格特点和文化主体特色的武术拳种。以中国古代哲学思想作为创拳理论依据的就有很多，它们通过“无极”“太极”“两仪”“四象”“五行”“八卦”等这样一个理论逻辑结构和哲学范畴来进行自身理论体系的阐析和发展。如：太极拳以“太极阴阳”之理诠释拳理而得名；形意拳采用“五行学说”来论述拳法的运动规律，奠定了五行拳的理论；而八卦掌则取《周易》之“刚柔相摩，八卦相荡”，运动不息，变化不止之理，而冠称为“八卦掌”。这些理论为各拳种的发展奠定了重要的理论基础。因此，从这个意义上讲，武术拳种的定型，并不完全只是取决于攻防格斗经验事实本身，一定程度上也取决于攻防格斗经验事实以外的因素，即一定的攻防格斗理论。

三是优秀的创拳关键人物，这是武术拳种产生的充分条件。其实任何一个拳种的产生都是一个创造的过程，如果没有武术这个行业和从事武术活动的人，那么，武术可能也将永远处于人类攻防格斗的原始形态，随着人类的进步和社会的发展而自生自灭。武术之所以形成了拳种体系，并且发展至今，武术的行业活动应该是这种发展的直接动力。那么，具有较高武术素养的武术家则是这种发展的根本动力。武术作为一种非物质文化形态，它的传承性关键在于传承人。大凡一名杰出的拳种创始人，都应该是在传统的格斗技术方面有着较高的造诣并且也具备了多方面的综合能力。所以他才能对传统的武术进行改造并作出新的选择。如《苌氏武技书》中苌家拳的创始人苌乃周出身书香门第，因“人以其文士而好武”，故有“儒拳师”的雅号。“正是渊源的家学和深厚的武功素养，为苌乃周创立苌家拳和形成‘聚精集萃’的武学理论奠定了坚实的理论和实践基础。”因此，我们认为，作为一名优秀的拳种创始人，能够将多年积累的丰富的格斗技术“拳种化”，必须具备三方面的综合素养，即：知识、格斗技术和个性。这里的知识不仅是武术攻防格斗的专业知识，而且还应具备一般性的文化理论知识；而丰富的格斗技术是创拳的基础；另外，创拳者的个性则是奠定拳种风格特点的关键，三者缺一不可。也正是由于创拳者的良好素养和对拳种的贡献，许多拳种往往以其姓氏而命名，这在明代戚继光的《纪效新书》和清代徐珂的《清稗类钞·技勇篇》中所载的拳法或拳种名称中就能找到答案。因此，优秀的创拳关键人物是武术拳种产生的重要因素，也正是有了人的因素武术拳种才具备了传承的可能，也得到了普及和发展。

就绵拳这个拳种本身来说，完全符合拳种形成的三个条件。首先，绵拳具有成熟、系统、独特的攻防格斗技术体系。绵拳内容体系以练单架子为主。其主要招式有扒、打、擒、拿、抓、挤、掤、挨、靠；其拳法上主要有冲、掼、挂；肘法主要有顶、撞、挤、靠等；腿法主要有蹬、铲、撩、踢等；掌法主要有砍、穿、拔、捋；手型主要有锥子拳、扣拳、虎拳、窍掌等；步型主要有弓步、马步、虚步、花步、吞步、雀步等。其次，绵拳具有独特、完善的攻防技击理论。练习绵拳对“手眼身法步、精神气力功”都有具体的要求。比如绵拳动作姿势的要求：练习绵拳的姿势要求头正颈直、沉肩挺胸、直腰敛臀、上肢舒展、下肢稳定匀称，重心始终保持居中，不能超出足尖，否则，重心前移，易被对方带动。对身法的要求：把身体的各个部位的活动和吞、吐、闪、顶、冲、撞、挤、靠、滚、扭等攻防变化有机结合、内外协调，一势接一势，势势相连，形成一个整体。对眼法的要求：明快，锐利，传神，这样才有利于在技击时识透对方的动向，用眼神慑服对方，做到先发制人。对精神的要求：思想上要有实战观念，做动作要充满信心，严肃认真，全神贯注，使动作的意向和技击含义通过精、气、神的具体表现与外部的动作紧密配合，完整一气，最终达到“形与神俱”的境界。最后，绵拳拥有其产生的关键人物——孟光银。通过上海绵拳代表人物孙福海之子孙长根及其徒孙宝庆的回忆，可以确定在上海最早传播绵拳的人是孙福海的师傅孟光银。1920年前后孟光银来到上海，经江湖人称“神手”的唐殿青（谐音）推荐到上海富商李瑞九家中教授拳术，并将孙福海、王家驹（外甥）收入门下。经数载苦练，孙福海尽得孟光银真传。随后，绵拳在上海传播至今。

孟光银（原名孟招德，又名孟关宇或孟关雨）原是清朝同治、光绪年间沧州顺德镖局的镖师，主要在山东、河南两地走镖，后拜一位经商的老翁学拳而得绵拳。这在清末民初武术家吴志青所撰写的《太极正宗》中收录的《向恺然先生练太极拳之经验》一文中，有较为详细的记载：

上海李瑞九家曾聘有拳术教师孟某，所擅长之拳称绵拳，共有八路架式，亦有两人推手法，用意颇似太极。闻孟某少时，在山东河南之间，保镖为业，富有膂力，尤善单刀，其名颇显。孟年少气盛，自负其技睥睨侪辈，一日携镖投宿于旅店，与同道者谈武艺，有旁若无人之概。忽有同宿一鬓发皓然之老叟在旁冷笑，鄙视之意现于颜色。孟不能堪，忿然谓叟曰：若龙钟似此，岂亦能武，将毋倚老卖老，以为我没奈何乎？叟从容曰：强中更有强中手，武艺谁敢称能，因见汝年轻不知天高地厚，故不自觉其笑之出于鼻也，怒将何为？孟亦不能忍，必欲与叟较，叟亦不辞。孟方出手，已跌数步，竟不测叟以何种手法，能跌人如此干脆。孟初以叟年迈，恐其不胜掊击，故出手未尽其长。至此，乃以全力赴之，不料一近叟身，手脚如被蛛网缠缚，有力无所施，欲跳脱亦不可得，中心惶急，遍身汗出如渖。见叟张两臂往复搓弄如玩圆球，神气闲逸，绝

绵拳泰斗孙福海（1888—1956）

无寻常比试态度。孟始知非敌，跪请拜师。叟曰：拜师则可，但当弃汝所业，随我经商。孟亟思得其传，竟弃镖业，从叟往来贩运于山陕之间。

这段文字为绵拳的早期发展提供了佐证。文中较为详尽地记载了孟光银学习绵拳的经过。但其是自创绵拳还是从他人学的绵拳，由于史料的缺乏，已不得而知。不过可以确定的是，孟光银学得绵拳的时间应该是在民国以前。也就是说，绵拳至少在清代就已经形成并开始流传了，这与拳种发展历史是吻合的。

据记载，孟光银来到上海住在富商李瑞九家。李瑞九是李鸿章兄弟李鹤章的孙子，民国后来到上海，虽是富家公子却自幼喜欢研习武术。因为喜爱练武，当时李瑞九家有许多有名的拳师。一日，李瑞九见家中拳师在切磋武艺，心中萌生一个想法，他召集家中拳师说："知晓各位武艺精湛各有千秋，又恰逢各位切磋交流实属难得，今日不妨趁此良机，在府中设擂，胜者，我将拜其为师。"经过几番比试，孟光银力压众拳师，拔得头筹，随即李瑞九便拜其为师，并聘为拳术教师教授绵拳。

孙福海是江苏南京水西门人氏，据说以经营南货为生，拜入孟光银门下，与一同练拳的王家驹结成拳对子，关系密切。王家驹则对武术如痴如醉，少年时便早早地跟随舅舅学习绵拳，孟光银甚喜爱之。

在上海把绵拳推广开来的关键人物就是孙福海，他从南京迁移至上海市杨浦区兰桂坊，并在此教授绵拳，没过多久，绵拳就在上海渐渐地发展起来。这些入门比较早的人当中，许多都成为后来称雄一方的绵拳大师。正是他们这些人，毕生努力，开创了绵拳在上海的百年历史。

# 上海绵拳 百年底蕴

绵拳作为中国武术文化的组成部分，自清朝就在上海落地生根，并一直传承发展至今。

上海绵拳开始主要流传在上海今杨浦区兰桂坊附近。杨浦区地处上海市区东北部。1843年上海开埠后，沿黄浦江一带先后辟为租界，成为在上海最早建立的工业地区。当时生活在这里的居民，除了部分本地人外，绝大多数来自苏浙皖鲁赣川等地，这些人多为体力劳动者，这为绵拳提供了发展契机。

位于杨浦区兰州路857弄的兰桂坊，

上海绵拳发源地杨浦区兰州路857弄兰桂坊

是绵拳在上海的发祥地。初看，这里与其他石库门建筑群并无不同，弄堂稍显狭窄，停满各式交通工具，晾衣杆悬在空中，邻里之声嘈嘈切切。但这个看似普通的地方，却真真切切地孕育了上海绵拳。当年，孙福海迁至上海兰桂坊（兰州路857弄7号），开始在此教授绵拳。经孙福海数年潜心教授，上海绵拳得到了很大的发展。

孟光银去世后，孙福海谨遵师父遗嘱，专教劳动人民，以便作为他们防身自卫、强身健体之用。其间，孙福海在所学绵拳的基础上，进行了创新，最后发展成了符合上海地域文化的绵拳。由于孙福海在世时收徒较多，这样孙福海便成为上海绵拳的代表人物。孙福海传其长子孙长根及其徒孙宝庆、杨连权、田其芳、陆凤池、顾祝卿、王松荣、朱葆生、卢德成、任其荣、许应元、王志文、叶秀成、唐存贵、陈博群、马益州等人，这些人也都成为上海绵拳的传播者。自孟光银在上海授徒传播绵拳至今，已口传心授、薪火传承三代人。

历经近百年的历史，绵拳已经成为独具上海地方代表性的传统武术拳种之一，其传承和普及范围逐渐扩大，已由最初的杨浦区扩展至虹口区、宝山区、徐汇区、黄浦区及上海周边地区。近年来，绵拳在上海的传承与发展又迎来新机遇。在杨浦区这块绵拳的主要传承区域上，成立了上海兰桂坊绵拳武术俱乐部，成为推进绵拳在上海传承和传播的重要力量，现由孙福海的孙子——孙红喜出任第三代掌门人。

绵拳作为中华武术中的一块瑰宝，在数百年的发展中一直把尊师重道作为门规，武术技艺被口传心授。在这样的传承制度下，绵拳传承虽然历经风雨，但却历久弥新，不仅涌现出许多有名的拳师，而且在全国各地培养了一批身怀高深武艺的传人。

绵拳在上海落地生根之后，以孙福海为代表的绵拳弟子开始广泛传播绵拳，经过数年的苦心传授，进一步扩大了绵拳的传播，培养了一批精通拳法的徒弟。比如第二代传人孙长根，作为孙福海的长子，他自幼喜爱武术，加之天资聪颖，深得其父喜爱。7岁师从少林名师宋银龙，苦心学习五年，武术基础相当扎实。于是父亲孙福海亲授绵拳。在父亲严格的指导和严厉的监督下，孙长根孜孜不倦、认真苦练、潜心耕耘、勤奋钻研，无论在理论上还是在功法技法上都取得了极高的成就。五十多个春秋他从未间断，掌握了绵拳最古老的特点，刚绵并济，松紧合一，古朴典雅，内外兼修。“绵”可四两拨千斤，“刚”则具有排山倒海之势，摧枯拉朽之力。绵拳的神韵在他身上得到了充分的体现。

孙长根作为绵拳的第二代掌门人，他熟练地掌握了365个单架子，如摇手三式、通背三式、单拳三式、双拳三式、狮子抱球、磨肩等；对练三十六式，如敲

1

2

3

1 绵拳第二代掌门孙长根

2 绵拳第二代传承人孙宝庆（1905—1993）

3 绵拳第二代传承人朱葆生（1926—2013）

臂、排肋、正靠、顶肘、推手臂等；套路有：四步对劲，连环肘，龙形走势六十四式，器械主要有金丝盘龙棍二十四式；较为高级的有：“走手，随手，散手”，两人可对练数小时，讲究虎势猴形，有时狮虎争雄，有时猴王抢桃，有时灵蛇补食，有时蜜蜂采花，真是变化无穷，阴阳相间，环环相扣。孙长根对此无一不精，可谓一代绵拳大家。

孙长根不但技艺高超，而且为人十分低调。他为人谦虚，待人厚道，常教育弟子：要习武先做人；他尽得家传绵拳精要，并进一步丰富和发展了绵拳这一古老的拳种。1976年起，孙长根在上海人民广场和外滩教授绵拳，并于1979年首次在黄浦体育馆办绵拳培训班（据孙长根儿子孙红喜回忆口述整理）。

孙宝庆自幼爱好武术，15岁在上海拜李俊凤为师，习练少林拳。孙宝庆的二叔王家驹与孙福海是同行且在同一家公馆就职共事，两人关系甚好。孙福海见孙宝庆为人忠厚，少林拳功夫根基扎实了得，非常喜欢。后来经王家驹引荐于1925年拜孙福海为师，习练绵拳，成为孙福海的开门弟子。孙宝庆一直秉承尊师重道的为人原则，在习练绵拳期间，修习刻苦，深刻领悟绵拳功法真谛，并得到孙福海绵太极的真传。孙福海过世之后，孙宝庆在师父绵太极的基础上进行了创新，使绵太极进一步发扬深化（据孙宝庆儿子孙万鹏回忆口述整理）。

朱葆生在上海解放前以理发为生，通过师兄胡蝶龙介绍拜入孙福海门下。朱葆生当时和杨连权、陆凤池、唐存贵、田其芳、孙宝庆关系相当好。朱葆生为人淳厚，对师父很尊敬，深得师父信任。朱葆生专习绵拳柔软架子，后来朱葆生对师父的儿子孙长根一家待如亲人，朱葆生和孙长根似亲兄弟，一直为绵拳的发扬光大尽心尽力。为绵拳申报上海市市级非物质文

绵拳第二代传承人田其芳
（1918—2002）

化遗产，82岁的朱葆生经常住在兰桂坊指导和献计。八旬高龄的朱葆生曾参加了杭州国际武术大赛，荣获个人和对练金牌，这在绵拳第二代传人中是唯一的，为绵拳申请上海市级非物质文化遗产项目作了贡献，也为申报国家级非物质文化遗产代表性项目打下了基础（朱葆生生前口述，孙红喜徒弟罗衡郴整理）。

20世纪50年代，孙福海迁至上海兰桂坊后，田其芳便拜孙福海为师学习绵拳，

1

2

3

1
绵拳第二代传承人陈朝富
（1924—2015）

2
绵拳第二代传承人马益洲
（1917—2006）

3
绵拳第二代传承人王松荣
（1915—1977）

当时孙福海已有孙宝庆、杨连权、陆凤池、叶秀成、马鹤群、朱葆生等徒弟。田其芳和师兄弟们相处融洽，特别是与杨连权、顾祝卿经常同来同往。田其芳为人厚道，得到了师父孙福海的喜爱，加上他认真刻苦坚持习练，习得了绵拳散架和掌上的技击功夫。田其芳习练绵拳以掌击为主，具有小巧快的手法特点。田其芳不忘师恩，常去兰桂坊看望师父师娘及兄弟孙长根一家，似亲戚般地走动往来。另外，田其芳的师兄弟有的已经过世，但他们的徒弟有的想投入田其芳门下，他只肯指导而不肯有师徒名分，所以，田其芳的为人得到了晚辈们的尊敬（根据田其芳之子田木根回忆口述整理）。

陈朝富则在上海解放前经上海铜厂罗德仁师兄介绍加入绵拳门，拜孙福海为师，为人谦和，练拳刻苦努力，甚得师父喜爱。

马益洲是江苏建湖人氏，自幼在上海长大，后由同门师兄成博群领进师门，拜一代宗师孙福海为师专习绵拳。在孙福海言传身教下，他一心坚持刻苦习练。据马益洲徒弟黄克庆回忆：“师父为人厚道也经常和先进门的师兄探讨绵拳习练功夫，孙福海过世后，师父不忘武德把自己学得一生的武技传授给儿子及徒弟，为绵拳发扬做出了应有的贡献。”

王松荣年轻时喜好中国传统武术，涉猎了形意八卦、太极、少林、中国式摔跤等多科门类，1947年正式拜入孙福海门下，学习绵拳。几十年来，王松荣一直坚持绵拳的传承，培养了王文浒、卜兆荣、施和平等弟子，使绵拳文化薪火相传。

# 拳理功法
# 博大精深

绵拳不“绵”，绵里藏针。

绵拳讲究刚柔相济，柔化绵随，得势则刚。

绵拳不但攻防技击性很突出，

而且健身养生功效也非常显著。

# Broad and profound Mianquan

Mianquan is not gentle: “a needle hidden in silk floss”.

Mianquan pays attention to the combination of hardness and softness.

Mianquan is not only good  at defensing, but also very effective in keeping fit.

# 功理特点

## 绵拳不“绵” 刚柔相济

绵拳从字面上理解给人的印象可能是绵软无力之拳。其实不然，绵拳的“绵”取绵绵不断、形意相连之意。绵拳，曾名龙虎斗、烽火贴山靠，后经绵拳前辈研究，只用一个“绵”字概括，所谓“刚到柔中取，柔从刚中来”，要刚柔相济。

“刚”“柔”是相对应的一对矛盾，武术技术中的“刚”“柔”是指攻防中动作的力法，也就是说在不同的攻防动作中，有的动作用力的方法更为刚坚一些，有的动作用力的方法更为柔弱一些。一般说来，攻法的力法主刚，防法的力法主柔。明代武术家俞大猷在《剑经》中所说的“刚在他人前，柔乘他人后”，是一句被广泛引用的拳谚。这句话的大意是进攻时动作要快，在对方还未及发起进攻之前或未及完成进攻之时就要抢先完成进攻，进攻时力法主刚，所以说“刚在他人前”；当对方已发起进攻，此时防守的一方处于守势，防守时的力法主柔。“柔乘他人后”中的“乘”字在这里是趁、因、利用的意思。对方进攻，用的是刚力，守方乘势随着对方的力而动，并因势利导，用较小的柔力作用于对方较大的刚力之上，使之产生一个合力，以改变用力的方向，从而达到防守的目的。一“刚”

### 俞大猷

俞大猷（1503—1579），明代抗倭名将，军事家、武术家，字志辅，又字逊尧，号虚江，福建晋江（福建泉州）人。嘉靖十四年（1535年），俞大猷考中武进士，授职守卫金门、同安一带，历任百户、参将、总兵、都督、同知等职。曾转战江苏、福建、广东和山西大同等地，身经百战，屡建战功，不仅多次得到明廷嘉奖，还被时人称为“俞家军”。俞大猷曾参与和部分领导了明代沿海抗倭战争，与戚继光并称为“俞龙戚虎”。

一“柔”，一“在他人前”一“乘他人后”，正表明了攻防时力法变化的规律。因为任何一种武术拳种的技击方法都必然有攻有防，所以力法必然有刚有柔，且攻防互变，故刚中寓柔，柔中寓刚。正是因为这个原因，可以说所有的武术拳种都强调刚柔相济。

在武术的技击理论中还强调忌“犯硬”。所谓“犯硬”就是一味地只用刚力、拙力，双方实际上是在“较力”，“殆同牛斗”。吴殳在《手臂录》中说：“柔能制刚，弱能胜强，此即中软破硬之法也。彼以硬来，我亦以硬抵，是为犯硬。力弱者必败，力等而斗久，何能必胜。若于彼用力刚猛之时，我行穿勾退步之法，以避其力，俟彼进深，猛气已过，乃移身斜步扎之，即巧法中斜步单撒手也，此时彼亦无所用其力矣。又如我枪先

### 《手臂录》

明末清初人吴殳所作《手臂录》是中国武术的重要文献，该书对各家枪法及单刀作了精辟的论述，其对峨眉枪尤为推崇。

发，彼以猛力提拿，我变为软，使彼气力落空，然后相欺无备之处取之，此皆以软破硬也……”所以，在双方对抗时忌用纯刚猛之力而少变化，守时忌用硬力相架而至斗力。这一点无论是进行对抗性练习还是进行单人练习都应该特别注意。此外，如太极拳，也不是只柔不刚的。在太极拳的理论中有“先收后放”“蓄而后发”之说，“收”和“蓄”是由守转攻的关键，这是为了积蓄力量而收，是为了寻找时机，一旦时机成熟，就由“收”转为“放”，由“蓄”转为“发”，由“柔”转为“刚”。这种由柔转刚的过程，是许多武术发力动作用力的关键，是习武者应认真揣摩体会的。

绵拳是一种均速柔和、圆活连贯、刚柔相济的拳术。它的运动柔似棉花，连绵不断，形意相随，动作运行处处为弧形，同时劲力寓于其中，舒展沉实，得势则刚，击人以寸劲，实用性强。技击性是中国武术的本质，绵拳非常强调技击，不设花架子，动作简单实用。绵拳中的招式主要有扒、打、擒、拿、抓，挤、掤、挨、靠等架子，动作简单，非常实用，且富于变化。

## 柔化绵随 得势则刚

“拳势”在中国武术中是一个非常重要的拳理概念。拳势是“势”与“法”的结合，有着拳中含势、势中藏变、变生虚实、因变制胜的技击法则。关于“拳势”的论述最具代表性的是明代军事家唐顺之编撰的《武编・拳》：“拳有势者，所以为变化。横邪侧面，起立走伏，皆有墙户，可以守，可以攻，故谓之势。”由此可见，“拳势”一词中“势”可以解释为“外形形态”，即架势或招法，包含着进攻和防守两个相互对立的属性。唐顺之站在兵法思想的角度，将兵法中“势”与“虚实”之理结合武术攻防方法，为拳学作拳势之论，确立了以“势”论拳的学理要则。“拳势”之论的核心，重在论述“势”与“法”之间的辩证关系。

“势”字《说文解字》解为：“盛力，权也。”即很大的权或很大的力量。苏洵《六国论》中有“夫六国与秦皆诸侯，其势弱于秦”一句，这里的势可以理解为力量。王宗岳的《太极拳论》中记载：“斯技旁门甚多，虽势有区别，概不外乎壮欺弱，慢让快耳。”这里的“势”指的是动作招法。例如太极拳十三势，表现为掤、捋、挤、按、采等招法。戚继光对武术招法传承的解释如下：“今绘之以势，注之以诀，以启后学。”从中可以看出“势”指的是动作。古代典籍曾记载：“拳有势者，所以为变化也。横邪侧面，起立走伏，皆有墙户，可以守，可以攻，故谓之势。”由此可见“拳势”一词中“势”可以解释为“外形形态”，即架势或招法。“势”包含着进攻和防守两个

## 唐顺之

唐顺之（1507—1560），字应德，一字义修，号荆川，谥襄文，明代南直隶武进（今属江苏常州）人，官右佥都御史卒。唐为嘉靖八才子之一，与归有光、王慎中合称嘉靖三大家。顺之亦善武，通兵法，晓武术。嘉靖八年（1529年）会试第一，官翰林编修，后调兵部主事。当时，倭寇屡犯沿海，唐顺之以兵部郎中督师浙江，曾亲率兵船于崇明破倭寇于海上。巡抚凤阳，嘉靖三十九年（1560年）四月丙申日至通州（今南通）去世。崇祯时追谥襄文，学者称"荆川先生"。

## 《武编》

明代军事著作，由唐顺之纂辑。本书纂辑于明嘉靖中。当时，明廷武备废弛，将帅缓带轻裘，军队养成懒惰散漫的习性，徒有简兵练卒之名，而无强兵锐卒之用，一有战事，则蒙头缩项，胆落神悸，毫无战斗力。唐顺之有慨于此，为振兴武备，广搜博采，从历代兵书及其他史书中辑录对于武备有所裨益的资料，"一切命将驭士之道，天时地利之宜，攻战守御之法，虚实强弱之形，进退作止之度，间谍秘诡之权，营阵行伍之次，舟车火器之需，靡不毕具"。

相互对立的属性，完美地展示了技击的本质。作为拳势，必须将外在拳脚动作形态和内在的攻防机变紧密结合起来。笔者认为，拳势可以理解为招法，招法学习虽有固定的规格要求，实际的攻防过程中招法运用却可以是千变万化的，即所谓用无定法。

唐顺之编撰的《武编·拳》记载："拳有定势，而用时则无定势。然当其用也，变无定势，而实不失势，故谓之把势。"文中提出"定"与"变"以及"失"与"把"两组矛盾的观点。这里所谓的定势是指拳术动作外练有一定的演练技巧和规格要求，内练有招法运用的法则、规律。内外相合，技艺精熟，方可用于实战。变势可以理解为在实战过程中招法的运用可以千变万化，没有固定的要求，以制胜对手为目的。失势则是指攻防技击过程中，错失制胜对手的合适时机；把势是指把握机会。从逻辑关系上讲，拳势是实现制胜对手的环节，制胜对手是"把势"的目的。《孙子兵法》说："兵无常势，水无常形，能因敌变化而取胜者，谓之神。”意思是说，攻防过程中，实际情况是千变万化的，所以依据敌情的变化而变化采取不同的策略，才能取胜对手。例如太极拳的掤劲，按身体接触部位的不同可以分为手掤、臂掤和胸掤等。掤在推手中的运用规律是“掤在圆撑须始终”，各种掤劲是分开训练的。应用之时，掤劲贯穿于实战过程之中。掤劲是听劲的前提条件。在太极技击过程中，掤劲要贯穿于所有拳式之中，周身俱要轻灵，听住对手的劲力，才能在攻防过程中随机应变，得机得势。“拳势”之变为拳术招法的修炼和使用提供了理论指导。

《武编·拳》中记载：“拳家不可执泥里外圈、长短打之说，要完备通晓，乃为作手。”文中“作手”指的是作势之高手，“长拳短打”指的是“法”。“势”与“法”是组成拳势的两个重要因素。“势”与“法”之间的“变”与“不变”之法则，即“练时有定规，用时无定法”。古代武术典籍中，关于拳法操练和运用要领的记载，主要有以下几个方面：首先，用歌诀表述手法的要义，如“手有上中下，切钩搬搀金手；你行当而我行傍，你行傍来我直走”。其次，关于“惊”法的运用要领，攻防实战过程中讲究手法和脚法交互使用，以此可以理解“势”论“惊取”之理。再次，关于“演法”和“站法”，主要讲解腿法的使用要领。文中也明确记述了长拳和短打的区别：长拳即长打，短打即近击；长拳变势，而短打不变势。“势”被当作“立拳”之理论，武者同时也将所知所会的拳术招式记录在典籍之中，供作教材。将“势”与“法”巧妙结合，因法论势，提出拳中含势、势中藏变、变生虚实、因变制胜的技击法则。以“势”理而论“拳理”的结论，构建出符合技击规律的“拳学”理论之框架。

古代拳学提倡因法论势，提出拳中含势、势中藏变、变生虚实、因变制胜的技击法则。“拳势”之变是为了在对抗中制人而不受制于人，在对抗过程中争取主动地位，不失势。《孙子兵法》中记载：“势者，因利而制权也。”由此可见，势是为了取胜对手获得利而制权的过程。《孙子兵法》说：“兵者，诡道也。”与对手交战，在对抗中掌握主动，需要掌握审视之法，做到知己知彼。拳谚曰：“与人对敌，先观其体大小。如身体大，必有莽力，我以巧应之；如其身体瘦小，必巧，我以力攻之。”此遇弱者力取，遇强者智取。“欲观敌之动作，先观其眼目情形，次观其身手。如敌想用拳打，先观其肩尖必突起，或观其后撤，如敌欲用脚蹬，其身必先戾。”文中为我们提供了审势之法，依据对手的身形和动作方法，来调整己方的动作方法。《孙子兵法》中记载：“昔之善战者，先为不可胜，以待敌之可胜。可胜不在己，而在敌。”由此可见：真正得利的势，需要敌人弱点的暴露。“势变”需要依据对手拳势的变化而变化。《武穆遗书》记载：“察来势之机会，揣敌人之短长。静以待动有上法，动以处静有借法。”与对手较技时，能够察觉对手来势之时、来势之路，揣测对手的短处和特长。以待对手之动，己方上手用招顺其势、随其变、借其力而发之。老子说：“见小目明。”“见小”就是要谨小慎微、防微杜渐，十分细致地了解对方变化的状况。“明”即是清楚，要心中有数，在攻防过程中了解对手并且判断对方劲力的变化情况。综上所述，攻防格斗过程中为了制胜对手，需要做到知己知彼，己方依对手“势”变而变，从而在对抗过程中处于有利地位。

《太极拳论》有云：“虚实刚柔之谓拳。”太极拳名家陈鑫说：“开合虚实，即为拳经。”由此可见虚实范畴的体现，就是拳经拳术的基本点。《武编·拳》中提出的虚实之道，讲的是攻防技击战略思想。虚实之用，即惊法者为虚，取法者为实。前者虚实为“体”，后者虚实为“用”。古拳论中记载：“所谓惊法者虚，所谓取法者实。”“惊取之法”是制胜策略在攻防技击中的反映。“惊法者虚”，利用虚假之招引诱对手，使对手判断失误而伺机用实招取胜对手。在实战中，攻防之拳势和劲力运使都要有虚实的区别。太极拳技击中劲力发放为实，化劲为虚。粘是靠近对方，控制对方劲路，为实；走是走化，化掉对方的劲力，为虚。以太极推手中斜抨动作运用为例，甲方在左，乙方在右。乙方双手按甲方右臂时，甲方用右臂掤住乙方的按劲，甲方顺势右转，右手粘住乙方的右手腕，左手搭在乙方肘关节外侧，向右下方牵引，使乙方失去重心。在推手过程中，乙方用的是实劲，甲方以化应对方的实，使对方劲力落空，进而变被动为主动，趁势向对方发劲，制胜对手。《太极拳经》上说：“实中有虚，人己有参；虚中有实，孰测机关。”攻防对抗过程中，虚虚实实，变幻

### 《孙子兵法》

《孙子兵法》又名《孙子》《孙子兵书》《吴孙子兵法》《孙武兵法》《孙武兵书》等，是中国古代的兵书，作者为春秋末年的齐国人孙武（字长卿），是世界上现存最古老的兵书，历来受到兵家的重视。一般认为，《孙子兵法》成书于专诸刺吴王僚之后至阖闾三年孙武见吴王之间，全书共十三篇，是孙武初次见面赠送给吴王的见面礼。1976年6月7日，《孙子兵法》和《孙膑兵法》竹简在银雀山（山东省临沂市山峰）出土。

莫测，造成对手捉摸不定，保持自己不“失势”之状态。

绵拳作为刚柔相济的拳种，在劲力的运用和发放上强调“柔化绵随”“得势则刚”，发招时动作轻灵沉着，不浮不僵，外柔内刚，每个发劲动作都要以腰为轴，力由腰生，上贯至肩臂，力达肘手，发力完整，富有弹性。“柔化绵随”是绵拳劲力运用的特点，也是绵拳“不制于人”的方法和手段，是“惊法者虚”，利用虚假之招引诱对手，使对手判断失误而失势；“得势则刚”指的是绵拳“柔化绵随”的目的，是为了在技击对抗中取得胜利，是“取法者实”，二者辩证统一。

## 功法架势 内外兼修

从广义上讲，“内”指的是人的身体，“外”指自然界、社会。从狭义上讲，“内”是指在气质、品德、内在修养以及道德观念等无形无相的心志活动，是不能用语言表述的天地万物之大道；“外”指形体的锻炼活动，即由运动系统完成的各种动作形式。“内外合一，形神兼备”是中华武术最主要的特征，它的特点是通过武术功法和技法来体现的。“外练筋骨皮，内练精气神”是作为体育运动的武术的本质功能，也是各家各派练功的准则。所谓“外练”主要指人体骨骼、关节、肌肉所组成的运动系统，以及由运动系统所完成的各种动作。如太极拳名家杨澄甫曾指出：“所谓开着，不但手足开，心意亦与之俱开；所谓合着，不但手足合，心意亦与之俱合。能内外合为一气，则浑然无间也。”太极拳属内家拳，要求意识的引导，注重内外兼修，内属阴而隐藏于内，外属阳而显露于外。太极拳练习中的“内”指精、气、神等无形的东西，即心神、意念等心志活动和气息的运行；而“外”指手、眼、身、法、步等有形的东西，指太极拳对身法及运动的具体要求，在太极拳运动中所表现出来的具体的外在的东西，即在骨骼、关节、肌肉所组成的运动系统的支配下，形体所表现出来的各种动态及静态特征。只有做到内外兼修、内外合一，才能真正地把握太极拳、练好太极拳。

武术是我国具有独特民族风格特点、带有攻防含义、以拳术器械套路形式和实战形式为主的，既能健身自卫，又能养生保健的具有内外兼修作用的体育项目。在这里，“内外兼修”指的是外形的塑造与内在品德提升的统一，是身心和谐的一种表现。“内外兼修”就是要把人的肉体与精神合二为一，把生理与心理结合起来，进行同步修炼，这体现了人的整体性统一性原则，练习过程中两者皆不可偏废，力求达到“人身整体与整个宇宙间的协调配合”的境界。单个的武术动作或一系列的武术动作，都是人体四肢以及躯干来支配的，并通过四肢和躯干的相互配合，采用不同运动形式来完成的，这就形成了外在的身意，即所谓的“形”，并且还要以此来表现出内在的“神”韵，即套路运动要体现出“形神兼备”和“内外合一”。

自古习武者都非常重视内外兼修。应该说注重内外兼修并非中国武术所独有的，而是中国传统文化的一个共同的特点，这是中国传统哲学中的“天人合一”观念在中国文化中的一种反映，这一观念也决定了中国人的价值观，塑造了中国人的思维特点。它既表现为追求人与自然的和谐，又表现为追求个人与社会的和谐，同时还追求个人内外的和谐，即内外兼修。具体到武术，这种内外和谐则又有其自身的特点。从武术技法的角度来看，形神兼备就是指练习者在演练武术动作时，要处理好外在的“形”和内在的“神”之间的关系，既要有外在的“形”，又要有内在的充实的“神”。在此所谓“外”和

“形”是外在的、具体的、运动的武术动作；所谓“内”和“神”，是指内在的、心理的、精神方面的内容。论及武术的内外兼修就不能不提到“内三合”和“外三合”的问题。关于内三合和外三合的提法，在武术的许多拳种理论中都有论及。如清代的《六合拳谱》中就说：“心与意合、气与力合、筋与骨合、手与足合、肘与膝合、肩与胯合”，强调“做到三节的要求，保证周身完整一体，内外合一”。

练拳讲究“内练一口气，外练筋骨皮”，表明中国武术既重视外练，又重视内练。重视外练就是注重对人体外在的骨骼、关节、肌肉所组成的运动体系的锻炼，并且注重对由这些运动体系所完成的各种外在动作的规格和完成动作能力的要求；重视内练主要就是注重通过外在的动作对运动体系进行锻炼的同时，还注重对人体内脏、神经系统的锻炼，这里就包括我们常提到的“精、气、神”。注重内练和外练相结合，是中国武术的一个特点。上海绵拳训练要求“死功”配“活功”，就是这一理念最好的体现。所谓“死功”，主要是指练排打、打沙包等硬功功法练习，这些都属阳刚之功。绵拳以单架子训练为主，套路练习为辅。练习架子是为了让身体得劲力，对练套路是劲力收放精进的路径，也是绵拳所讲的“活功”。通过功法和架子配合训练，达到内外兼修之目的。另外，师父是根据每一个徒弟的不同情况因材施教传授绵拳，因此，每个弟子所掌握的拳路也不尽相同。

## 下盘稳固 近靠远打

中国武术拳种丰富，流派众多，更加难能可贵的是每个武术流派都演变出了独具特色的技法特点。拳谚云：“练拳不练功，到老一场空。”这里的“功”就是指武术功法。武术中的功法一般是指为了提高或强化技击和抗击打能力而采用的专门性训练方法。习武必须与功法训练相结合，是中国传统武术中几乎所有拳种门派的一个显著特征。练功可以不断提高习武者某方面的技能或者技巧，从而能够更好地体现该拳种的特点。中国武术历来重视习武者下盘功夫的训练，甚至还出现了许多针对下盘功夫练习的方法。比如说桩功。桩功是武术功法中一个比较有代表性的功法形式，几乎传统武术中的每门每派都有着自身体系内的、特色鲜明的桩功练习，如形意拳的三体势、太极拳的太极桩和无极桩等。桩功有狭义和广义之别。狭义的桩功是武术内功中静功的站功，即采用武术中的某些步型保持静站姿势，以求得腿力充沛、下盘稳固，犹如桩之栽于地中的效果，并且通过精神内敛，意念、气血的调节，达到以意领气、以气运身、以身发力、内壮外强、内外合一以及激发人体潜能的效果。广义的桩功泛指各种武术内功的锻炼功法，它是采用或静、或动、或站、或坐、或卧的各种身体姿势，精神内敛，调节意、气，锻炼人体运动时意、气、力、形四者一动俱动、一到俱到、一止俱止的能力。而梅花桩拳则是一种专门在木桩上练功的拳种。因为在桩上练习是将身体置于空中，双脚踩在面积很小的桩面之上，所以长期练习可以快速提高人体平衡能力和下盘功夫。如少林七十二艺中的梅花桩，属于轻功类，就是在木桩上进行训练的，是一种专门练身体轻灵、步伐敏捷的功夫；武当功法中的九宫桩功和四象功，其中九宫桩功属动功类，要求练习者在桩上按九宫步越桩穿插，再配以拳脚招术，专门练反应敏捷、脚步稳健的功夫，四象功属轻功类，是一种专门练轻灵蹿纵的上乘功夫；传统功法中的跑桩，又名“履木桩”，属轻功类，是练跳跃腾挪的一种功法；巧站梅花桩，旨在增强腿部力量和足下功夫等。由此可见，下盘功夫在中国武术训练体系中占有重要的位置，甚至已经成为一些拳种或者流派的技术特色。

在习武者相互传授技艺的过程中，常用“技法”这个词，不仅如此，在中国画和京剧等许多中国的传统文化中也非常讲究技法。对于武术而言，“技”在这里应作为技艺、本领解；而“法”则可理解为方法，或标准、规范之意。所以“武术技法”就可以解释为练习武术所应掌握的技术方法和技术规范。因此，在不同武术技术方法和技术规范的约束下，就形成了不同的武术技法，从而赋予各武术流派不同的技法特点。如长拳讲究动作舒展大方，有放长击远的特点；南拳要求稳马硬桥、手法多变、以声催力、拳势刚烈；太极拳则要求动作柔和连贯，势势意连形随等。

绵拳作为上海地区独具特色的拳种，技法上有其自身独特之处。绵拳的技法主要讲究“下盘稳固、近靠远打”的技术特点。强调下盘要稳，不失根。绵拳技击认为脚“离地九根失”，容易造成下盘不稳固，下盘不稳则容易受到攻击，自己亦难发劲，故绵拳的腿法较少，仅有蹬、铲、撩、踢，且动作均为小架子，重心始终坐中，脚不离地。尽管绵拳不以腿法为主，但是其上肢动作的完成无不强调下肢动作的配合。绵拳中的腾步、龙形步、套步、云步、跟步、绕步等都对习练者下盘功夫提出了非常高的要求。

绵拳是一种以架子练习为主、套路练习为辅的传统拳种。架子是练习绵拳的基础，架子练习纯熟之后才进行套路练习。绵拳架子有大、小之分，大架子讲究舒展大方、大开大合、大劈大挂、放长击远，小架子则小巧紧凑，讲究步法灵活、虚实结合、近身靠打、贴身肘发。绵拳套路主要有连环肘、绵拳盘打、连环套和绵拳龙形等，主要有两种形式：一是单人套路练习，二是两人或多人的对练套路练习。绵拳技击上强调先吞后放，后发制人。吞有收的意思，是防又是蓄力；放即是发，是制人之法。一般在搏击时，绵拳不会先出手，而是等对方出手，看清对方的来招，准确判断对方来势后，才以静制动、以柔克刚、避实就虚，先将来势柔而化之，而后再发力制敌。

# 功用价值

## 技击防卫价值

“武术”这一词语最早出现在南朝萧统所编《文选》中，但并不具有今天武术概念特定的含义，“偃闭武术，阐扬文令”，其意指停止武战，发扬文治。清末民初时“武术”作为自卫强身之术的专门用语，得到广泛应用。当时面对西方文化的冲击，一度出现了提倡“国粹”的思潮，武术被誉为“国术”。中华人民共和国成立后，将其正式确立为体育运动项目，明确称为“武术”。从“技击”到“武艺”，从“武艺”到“武术”，都离不开攻防技击的本质特征。由此可见，武术是由人的技击自卫术发展而成，技击特点是中国武术技术上的本质特征，武术在流传过程中始终保持了这个特点。

武术在古代并不是作为体育形态而出现的，远在春秋战国时便有以技击为生的游侠剑客，近代则有保镖护院的镖头教头、江湖卖艺的艺人乃至以教拳谋生的拳师，以一种技击术来体现其社会价值。人类的防卫意识和人体运动学原理决定了技击术在缘起之初是近乎相同的，只是在后来的发展中，不同的地理环境、不同的经济文化、不同的民族性格造就了五花八门的各种技击术，如拳击、角力、击剑、柔道、跆拳道、合气道、泰拳、自由搏击、剑道、相扑、桑勃等，不一而足。长期以来中国人民以自己的思维方式、行为准则、价值观念、审美情趣，经历代宗师的砥砺揣摩、千锤百炼，形成了具有民族性格的技击术——中国武术。

中国武术在技击方法上表现得丰富多变，有踢、打、摔、拿、击、刺等。踢法中有勾、踩、弹、蹬、踹、铲、点、撩、挂、摆、缠、丁、拐、错等；打法有冲、劈、挑、砸、贯、抄、盖、鞭、崩、钻、扫、挂、撩、栽、扣等拳法，以及劈、砍、切、截、削、推、按、拍、摔、扇、塌、掖、穿、插、挑、抹等掌法，还有许多勾法、爪法、肘法、桥法（以上臂和前臂进行攻防），以身体进攻的挤、撞、抖、靠等法；摔法中主要有拥、拱、扭、别、切、滑、抱、合等；拿法有三十六拿和三十六解，以及各种器械方法。不同的击法又有不同的劲力要求与技巧变化，各拳种流派又有许多独到的方法与风格，从而形成了一个林林总总、丰富多彩、气象万千的庞大技术体系。在运动形式上，既有对抗形式的搏斗运动（散手，太极推手，长、短兵对抗等），又有势势相承的套路运动，两者既相交融又相区别；在技击理论上也颇为丰富，诸如“阴阳变化”“奇正相生”“刚发柔化”“后发先至”“得机得时”“胆气为先”和“守柔处雌”等战略战术思想，既富哲理又实用。

上海绵拳作为传统武术拳种，具有明显的技击实用价值。绵拳技法长击短打兼有，简单实用，技击实用性强，具有很好的防身自卫、抵御攻击的作用。其蕴含的内容、形式以及理论非常丰富，招式主要有扒、打、擒、拿、抓、挤、棚、挨、靠等；拳法主要有冲、掼、挂，掌法主要有砍、穿、拔等；肘法主要有顶、撞、挤、靠等；腿法有蹬、铲、撩、踢等；步型主要有弓步、马步、虚步、花步、吞步、雀步等；套路主要有连环肘、绵拳盘打、连环套和绵拳龙形等，通过系统的训练，可以达到聚全身之力为一点之境界，从而在出手时无坚不摧，有效抵御外部侵害。

## 健身养生价值

《辞海》中对武术的解释是“武术，亦称‘武艺’、‘功夫’，旧称‘国术’。中国传统体育项目。以武术套路、武术格斗、武术功法为主要运动形式”。通过踢、打、摔、拿、跌、击、劈、刺等动作，人们在练习武术过程中可以使人体的速度、力量、耐力、灵敏度、协调性、柔韧性等各种身体素质得到全面的提高。武术练习是通过人的身体运动实现的，练习者只要进行适度的身体运动就能增进健康。即使是在以武术为技击手段的古代，人们同样也没有忽略它的健身价值。所谓“搏刺强士体”，说明通过练习“搏刺”可以有效提高人体的运动能力和身体素质。戚继光在《纪效新书·比较武艺赏罚篇》中指出：“凡兵平时所用器械，轻重分量当重于交锋所用之器。重则既熟，则临阵用轻者，自然手捷，不为器所败矣，是谓练手之力。凡平时，各兵须学趋跑，一气跑得一里，不气喘才好。如古人足囊以沙，渐渐加之，临敌去沙，自然轻便，是练足之力。凡平时习战，人必重甲，荷以重物。勉强加之，庶临战身轻，进退自速，是谓练身之力。”戚继光练兵是为了“临阵”“临敌”“临战”而练“手之力”“足之力”“身之力”，但通过武艺训练可以健身，健身则可利于实战。王宗岳在《十三势歌》中说：“详推用意终何在？益寿延年不老春。”说明到清代武术的社会功能已经明显转变，习武练拳的终极目的已在于“益寿延年”，武术的健身价值更是日益凸显。

中国人历来重视运动和养生之道，所

以在武术发展的过程中必然和中国养生导引相互影响、相互渗透，这也增强了武术的健身价值。绵拳内容丰富，不仅有套路练习形式，还有对抗性练习形式；套路中不仅有拳术，还有多种器械；不仅有单人练习，还有对练。这些不同的练习形式和内容各有其运动特点，能够对人体健康产生多方面的良好影响，并相互补充，可以全面地促进人的身体素质的发展。绵拳不管是套路练习，还是器械练习，都要求动作圆活连贯，连绵不断，刚柔相济，同时注重内外兼修，这对提高人的心、肺功能和身体的协调性有良好的促进作用，具有较高的健身价值。

## 教育价值

教育是一种社会实践活动，是承载社会文化、传递生产经验和社会生活的基本途径。据《中国古代教育史》载："氏族公社成员除了在生产实践、劳动活动中受教育外，又在政治、经济和文体活动中受教育，他们利用游戏、经济、舞蹈、唱歌、记事符号等进行教育。"武术的教育价值体现了武术在学校教育中的作用和地位。中国在秦以前的学校教育中即重视有关军事武艺的教学内容。《周礼》中说："……乃教之六艺。"《孟子》说："夏、商、周设庠、序、学、校以教之，庠者养也，校者教也，序者射也。"其中"序者，射也"是说"序"的意思是习射练武。明清之际的思想家、教育家颜元，提倡实践，重视实用，他不仅自己学习武术，擅长拳法，而且在其主持的漳南书院的授业课程中就设有武备课，要求学子们在学习各种功课的同时，还要跑跳、举重和练习技击的技艺。由此可见，武术自古以来就是学校教育中的重要内容，这也是其教育价值的真实体现。

武术作为中华民族珍贵的历史文化遗产，其折射出的"武德"光彩更是对世人有着重大的教育意义。武德可以理解为掌握武技的人所应具备的道德，是习武者为把握社会、实现社会价值而建立的自我约束与精神自律体系。在学习武术时注重武德，可以增强人的社会责任感，对自我修养的提高、维护社会的正常秩序与和谐发展起到积极的作用。

上海绵拳作为传统武术中的优秀拳种，具有一定的教育功能。首先，绵拳传承重视武德考察。司马迁在《史记·太史公自序》中有"非信廉仁勇不能传兵论剑，与道同符，内可以治身，外可以应变，君子比德焉"的记叙。武学中还有"未曾学艺先识礼，未曾习武先明德"之说。绵拳的每位师父收授徒弟时非常重视对徒弟品德的考察和培养，尤其重视入室弟子的武德教育，将其视作决定习武者具有高尚人格和素质的先天因素，如在择徒时就将徒弟的品德作为重要的考察标准，在授徒中教育弟子要有侠义之心，杜绝c

恃强凌弱，武德的培养是授徒的重要内容之一。其次，绵拳学习可培养良好道德情操。绵拳中所蕴含的中华传统武术文化源远流长，已经成为中国传统文化的一部分，其中技击理论与人生哲理交融互生，内以修心、修身，外至使人懂得“万物可学”，从而具备宽容的精神。因此，练习绵拳可以培养练习者尊师重道、讲礼守信、宽以待人、严以律己等良好的道德情操。最后，习练绵拳可培养坚韧的意志品质。绵拳的练习过程相当累且枯燥，因此绵拳练习不仅能培养人坚韧不拔、自强不

息的意志品质，更是一种修身养性的重要手段，有益于人的身心全面发展。目前，为了让更多的人从练习绵拳中获益，上海绵拳也已经走进学校，在学校中开展传承普及活动。

## 观赏娱乐价值

武术具有观赏娱乐性，绵拳亦然。中国武术是我国各族人民智慧的结晶，并在中华传统文化的滋养下演化发展成熟，其发展过程中始终循着“击”和“舞”两个方向发展。“击”代表了人们创造武术的功利性，即技击；而“舞”则代表了人们练习武术的具体实践过程中所体现出来的审美态度，即赋予的武术艺术性。学者们认为，在原始文化形态中，是没有现代意义上的艺术存在的，古人可能更为关注的是实用性与情感性。在人类原始文化形态中，原始宗教、教育、娱乐等活动常常是交织在一起的。这些多位一体的原始文化均与武术的发源有紧密联系。在原始时期，图腾武舞是原始部落祭祀活动的重要内容，人群以表现战斗的舞蹈来供奉其部落的始祖神物。这一方面体现武术的实用性即功利目的，另一方面也体现了武术的情感性即人们的审美态度。

武术是古人在与天地斗、与人兽斗的过程中逐渐孕育和形成的。为适应原始战争的需要，原始人群要作战斗的演习操练，以熟悉战斗的击刺动作和应有的群体组合，于是萌生了“武舞”。商周时期的武舞，经由春秋战国的积淀和演化，到汉代尤其是东汉时，已有较大的改进和提高，出现了剑舞、斧舞、铭舞等经过艺术加工而专门编排的、多样化的表演形式，有力地促进了武舞向更广泛和更程式化的方向发展。魏晋南北朝时期，武术表演被正式列为宫廷娱乐项目，北魏初年，即有所谓“兵角抵，娱乐君臣”的记载。这些武术程式、方法通过表演的形式供人们观赏、取乐、沟通情感，极大地加速了“武”向“舞”的方向转化。唐代是武舞发展的重要时期，丝绸之路的开通，使得西邻一些能歌善舞的民族文化艺术得以传入，它与中华原有之艺术相结合，奠定了东方艺术的风格，武舞在此时也更加偏向于艺术审美而发展。这从唐代诗人杜甫《观公孙大娘弟子舞剑器行》一诗中可见一斑。到了宋代，为了满足人们不断提升的审美情趣和娱乐要求，民间出现了专门以杂耍卖艺为生的江湖艺人，他们在“瓦舍”“勾栏”之中凭借自己的一技之长吸引游客驻足观看。明代时，套子武术的发展已经离实战技击相去甚远。戚继光在《纪效新书》中写道：“拳法似无寓于大战之技，然活动手足，惯勤肢体，此为初学入门之技也。”他认为这种“周旋左右、遍地花草”的套子武艺是不能“临阵试敌”的“花拳绣腿”，是只图人前美观、取乐于人的“徒支虚架”或“花法”。

武术发展至今天，艺术性已经成为中国武术的一个基本特性。由此衍生出来的一个功能就是观赏价值。不论自己练习武术，还是观看别人演练武术，都能使人得到美的享受。绵拳作为一个优秀的传统武术拳种，在其发展的过程中，受到上海开放性、包容性等地域文化的影响，在保持传统特色的同时，也形成了具有较高观赏性套路表演形式。这从绵拳演练的招式里面就能看出来。绵拳是一种以架子练习为主、套路练习为辅的传统拳种，其架势中正圆满，结构严谨庄重，给人以和谐美感，不论是单人练习还是对打练习，绵拳都具有很强的观赏性。

# 绵拳技法 练养相兼

绵拳自成体系，内容丰富，
包括绵拳养生功法、绵拳的练法及绵拳实战技巧，
且各具特色。

# Techniques of Mianquan

Mianquan has its own system,
including health preserving skills,
training methods and actual combat skills,
and each has its own characteristics.

# 绵拳的技法特征

武术历经数千年发展，不断与中国传统文化相互融合，最终成为具有浓重中国传统文化意味和特色的武技体系。清代是中国武术史上一个具有划时代意义的时期，在这一时期，军事的需要成为武术发展及其功能演化的最大推动力，同时武举制的推行及武术学说的创立为清代武术的发展提供了重要的制度保障，并完成了其平民化的功能转化。作为中华文化中的一个重要分支，武术在清代有了进一步的繁荣与发展，尤其在功能演化上有了很大的革新，并在当时的社会中大放异彩。明末清初之际，武术界便出现了所谓南、北派之说，南派主要以太极拳、八卦掌为主，北派则以太极拳、少林、长拳等为主。由此可见，清代武术是在长期的社会实践中不断积累及丰富起来的一项重要的历史文化遗产。

中国武术门派众多，但是每个门派都演变出了独具特色的技法。绵拳自清朝问世以来，发展至今已有百年历史，其特征主要表现为柔似棉花硬似刚，刚柔相济，刚而不僵，柔而不软，快而不乱，慢而不松，劲力舒展沉实，得势则刚，暴以寸劲，得势不让人、出手无情，每个架子非攻即防，不施花架子，简单实用，不顶不丢，一般多用转动手腕、扭腰、含胸、捋劲制化敌劲，引进其力让其力受空，而后借力打力起到四两拨千斤的作用。

绵拳的拳架也有其独特之处，有大小架子远用拳和掌、近用肘和靠。大架子舒展大方、大披大挂、大开大合、放长击远；小架子则小巧紧凑、步活身灵，用靠、顶、挤、夯等巧劲，打近身战，贴身后用连环手连续发招，势势相连，不给对手以喘息之机。

# 绵拳的功法

## 绵拳养生基础功法

绵拳的养生基础功法有很多种，概括起来的核心内容包括一条线、两个圆、四个摇、五个方位、六个气（六个呼吸方法）、八个桩。

**演示者：方国平**

**（一）一条线的练法（又名气贯长虹）**

**【技术要领】**

动作一：自然站立，两臂垂于身体两侧，两掌掌心轻贴体外侧，后背贴衣裳，肩井照涌泉，百会上领，头正颈直，含胸拔背，松腰敛臀，身体中正，目视前方。（图3-2-1-1）

动作二：左脚向左开步，两脚分开，两手转掌心向上缓缓上托，目视前方。（图3-2-1-2）

动作三：双手托于胸前，与膻中穴齐高，沉肩坠肘，目视前方。（图3-2-1-3）

动作四：转掌心向下，翻掌下按，目

图3-2-1-1

图3-2-1-2

图3-2-1-3

图3-2-1-4

图3-2-1-5

图3-2-1-6

视前方。（图3-2-1-4）

动作五：两掌下按至腹腔下端，掌心向下，目视前方。（图3-2-1-5）

动作六：转掌心向内与丹田齐平，呈抱球状，两膝微屈蹲，膝盖不要超过脚尖，圆裆松胯，静养片刻，目视前方，目光内含。（图3-2-1-6）

**【注意事项】**

1. 呼吸：上提时吸气，下落时呼气；抱球静养时用腹式呼吸。

2. 意念：呈抱球状时让意念从会阴起至百会，再让意念回至会阴。循环往复，一般做9次为1组，习练者根据自己的身体情况选做不同的组数。

**【功理作用】**

1. 站桩状态不仅可以强身健骨，也可以安养心神。

2. 意念不断地变换还有利于打通人体中脉的作用。

**（二）两个圆的练法（又名大小周天）**

第一个圆的动作：正身盘坐，两手分别扶于两侧膝盖，舌抵上颚，唇齿轻闭，目视前方。开始习练阶段，注重呼气意注丹田；丹田发热时，意念至会阴；会阴跳动时，意念关注命门；命门有跳动感，注重吸气，意念关注夹脊；待夹脊关通过后，意念关注玉枕；待玉枕关通过后，意守丹田，气的运行形成一个圆。（图3-2-1-7）

第二个圆的动作一：两腿自然伸直，两掌掌心朝上放于大腿上，目视前方。（图3-2-1-8）

动作二：两掌缓缓上托，拖至胸口与膻中穴齐高，意念从丹田到百会。（图3-2-1-9）

动作三：转掌心向下。（图3-2-1-10）

图3-2-1-7

图3-2-1-8

图3-2-1-9

图3-2-1-10

图3-2-1-11

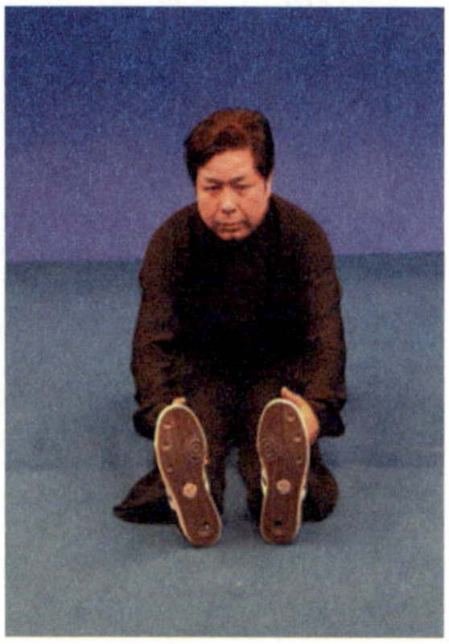

图3-2-1-12

动作四：两掌下按，到大腿部翻掌向前沿腿方向前推至脚背，四指相对，目视双脚，意念从百会至双脚。（图3-2-1-10）

动作五：转掌心向内，向腹部回收，至腹部，再转掌心向上；意念从脚底涌泉到丹田。（图3-2-1-12）

第二个圆的动作，一上一下为1遍，一般做9遍为1组。习练者根据自己的身体情况选做不同的组数。

**【注意事项】**

1. 呼吸：细匀深长的腹式呼吸法。

2. 意念：两个圆的意念次第不同，要有区别。第一个圆吸气，意念从督脉上行，舌抵上颚，呼气意念沿任脉下行至丹田，循环往复，第二个圆吸气意念至百会，呼气意念至涌泉。

**【功理作用】**

1. 第一个圆通过静坐观想，打通小周天。

2. 第二个圆通过动作导引加上意念感知，打通大周天。

## 绵八势养生功

演示者：贾青

### （一）概述

绵八势养生功法是绵拳体系中的一个以养生为主的基础习练功法，它以绵拳的基本架子（八势）为载体，通过轻灵圆活、松柔慢匀绵绵延长的外在习练，运用阴阳平衡的原理，内练意气劲力，从而达到对人的生命整体，包括身心两方面的修炼，习练者通过精气神的不断聚集与提高，达到身心健康之目的。

绵拳基础套路有绵八势、绵十六势、绵三十六势等，这里主要是选择绵拳中的最基本（初级）的绵八势进行编写。

### （二）绵八势动作名称与练法

**【动作名称】**

绵八势的初级套路主要是通过六个主要步法（马步、弓步、云步、腾步、龙形步）和八个绵拳架子演练而成。

**预备式**

①狮子盘球　②双摇手

③弓步斗排　④云肘

⑤撩手双锤　⑥抱球

⑦滚龙肘　⑧十字翻掌

**收势**

**【动作说明】**

预备式：双脚合并，身体松静直立，目视前方，意守丹田。（图3-2-2-1）

**第一势【狮子盘球】**

动作一：右脚开步，与肩同宽，重心落于两脚之间，松静站立，意守丹田，目视前方。（图3-2-2-2）

动作二：两腿下蹲成马步，同时右手上抬，与胸略平，掌心向下，左手微抬，置于腹前，掌心向上，两掌掌心相对，在胸前成抱球形状。（图3-2-2-3）

动作三：身体微右转，重心移至左腿，右脚尖点地，成右虚步，同时右掌右后侧平移至身体右前方，掌心向下，左手内旋上抬至身体左侧，掌心向下。（图

图3-2-2-1

图3-2-2-2

图3-2-2-3

图3-2-2-4

图3-2-2-5

图3-2-2-6

图3-2-2-7

3-2-2-4）

动作四：右腿向右前方约45° 迈步，身体重心随之前移成弓步，同时右臂外旋翻掌沿大腿外侧前撩至膝前，掌心斜向上，左手掌内收至胸前，掌心向下。（图3-2-2-5）

动作五：身体重心左移，成左弓步，同时右掌收回与左掌成抱球状，随身体向左盘至左侧。（图3-2-2-6）

左式动作与右式动作相同，唯方向相反。狮子盘球左、右各盘一或两次。右弓步狮子盘球完成动作。（图3-2-2-7）

**第二势【双摇手】**

动作一：左腿回收一小步，随之重心左移落于两脚之间，身体下蹲成马步；同时右手翻掌向下落于身体右胯旁，掌心斜向前，左手向外翻掌作逆时针方向弧形运动至身体左上方，略高于头，掌心斜向前，目视前方。（图3-2-2-8）

动作二：两腿姿势不变，右手经体前顺时针摇手至右上方，略高于头，掌心斜向前，左手逆时针下落至身体左胯旁，掌心斜向前，目视前方。（图3-2-2-9）

注：左右摇手动作相同，唯方向相反。可左、右各摇二至三次。

**第三势【弓步斗排】**

图3-2-2-8

图3-2-2-9

动作一：左脚跟略内转，重心移至左腿，右腿成虚步，身体右转至正对右前方；同时右手置丹田上方，右掌心翻转向外（右方向），左掌上提经左肋移至后背，掌心向外。（图3-2-2-10）

动作二：右肘上提至右耳旁，同时后背左掌紧贴背部中心下移经腰部至左腿。（图3-2-2-11）

动作三：右腿向右约45度跨出，身体重心前移，成马步；同时左掌缓缓落于腹前，掌心朝左，右掌下落贴于后背，目视右前方。（图3-2-2-12）

动作四：身体重心前移，成弓步，同时左肘上提至左耳旁，右掌紧贴背部中心下移经腰部至右腿，掌心向后，目视右前方。（图3-2-2-13）

动作五：身体重心后移至左腿，右脚收回成虚步，同时左掌下落至身后，掌背自然贴于背部中线，左手上提至腹前，自然下垂掌心向右侧。（图3-2-2-14）

动作六至动作九与动作一至动作三相同，唯迈步方向不同。

动作十：左脚跟外展着地，身体右转180°。（动作五）同时重复动作二至动

图3-2-2-10

图3-2-2-11

图3-2-2-12

图3-2-2-13

图3-2-2-14

图3-2-2-15

图3-2-2-16

图3-2-2-17

图3-2-2-18

图3-2-2-19

图3-2-2-20

作三。最后完成动作。（图3-2-2-20）

**第四势【云肘】**

动作一：身体重心移至右腿，左脚成虚步，同时双掌变拳至右胸前，右肘与肩同高，左肘下垂，两拳面相对，拳心向下，两拳相距约10厘米。（图3-2-2-21）

动作二：左腿向左跨步，身体重心左移，成左弓步，同时双肘自胸前向左运动，左肘上提至左耳侧，肘尖与左耳齐平，右臂外旋转拳心朝上，右肘自然下垂，两前臂成一条直线，目视左肘尖。（图3-2-2-22）

动作三：身体重心右移，成右弓步，同时双肘向右运动。动作要领同上，唯方向相反。（图3-2-2-23）

注：成马步云肘时，可做1～2次。

图3-2-2-21

图3-2-2-22

图3-2-2-23

**第五势【撩手双锤】**

动作一：身体重心移至左腿，右脚尖点地成右虚步，同时双拳由下落至两腰前侧，拳心向内。（图3-2-2-24）

动作二：下肢动作保持不变，两臂同时向身体两侧摆起，高不过肩，随之两臂外旋前摆，至与肩同宽，转拳心向上，再向内收回至腰间，目视前方。（图3-2-2-25）

动作三：右脚向前迈步，身体重心前移成右弓步；同时两圈向前冲出，与眉其高，拳心向上，目视两拳。（图3-2-2-26）

动作四：身体重心后移至左脚，右脚内扣，再移至右脚，左脚点地成左虚步，随之身体左转180°；同时两拳收回，落于两腰前侧，拳心向内。（图3-2-2-27、图 3-2-2-28）

动作五：进行左式撩手双锤，动作同右式动作，唯方向相反。（图3-2-2-29）

图3-2-2-24

图3-2-2-25

图3-2-2-26

图3-2-2-27

图3-2-2-28

图3-2-2-29

**第六势【抱球】**

动作一：左脚内扣，身体转正下蹲转成马步，同时双拳右摆至正前方，不高于肩，拳心向下，两拳距离约20厘米，目视双拳。（图3–2–2–30）

动作二：双拳外翻，同时两手由拳变掌，掌心向上，指尖朝前。（图3–2–3–31）

动作三：身体缓缓直立，同时两臂外展，两掌内旋，慢慢收至腹前，掌心向上，指尖相对。（图3–2–2–32）

动作四：接上势，两掌继续后旋，经腰侧向后推出，直到两臂伸直，掌心向上，指尖朝后，高度略与腰齐。（图3–2–2–33、图3–2–2–33侧）

动作五：双腿缓缓下蹲成马步，同时两臂外旋，转掌心向前，经体侧合抱于胸前，掌心向内，指尖相对。（图3–2–2–34、图3–2–2–35）

动作六：可重复练习动作三至动作五1～2次。

图3–2–2–30

图3-2-2-31

图3-2-2-32

图3-2-2-33

图3-2-2-33侧

图3-2-2-34

图3-2-2-35

**第七势【滚龙肘】**

动作一：重心移至左腿成右虚步，身体向右略转，同时双手由掌变拳收至胸前，两拳相对，相距约10厘米，右肘略高于肩，拳心向下，左肘下沉与之成一直线，拳心向上。（图3-2-2-36）

动作二：重心前移至右腿，左脚跟离地脚尖点地，同时右臂外旋，转拳心向上，右肘向外方向翻滚、肘尖随之下沉，左臂内旋，转拳心向下，左肘与右肘反向翻滚，至左上方，目视前方。（图3-2-2-37）

图3-2-2-36

图3-2-2-37

动作三：左腿向左前约30° 方向迈步，身体重心前移，成左弓步，同时左臂外旋，转拳心向上，左肘向外方向翻滚、肘尖随之下沉，右臂内旋，转拳心向下，与左肘反向翻滚，至右上方。（图3-2-2-38）

动作四：身体重心后移，左脚收回落于右脚前方，并以脚尖为轴脚跟内旋45°着地，同时左肘向上翻滚，右肘向下翻滚。（图3-2-2-39）

动作五：身体重心前移至左脚，右脚随之前迈落于左脚前方，并以脚跟为轴脚

图3-2-2-38

图3-2-2-39

尖外展45°，重心落于两脚之间，同时两臂反向滚动。（图3-2-2-40）

动作六：身体重心前移，同时左脚向右前方上步，落地成弓步，同时两臂反方向翻滚。（图3-2-2-41）

动作七：身体重心后移，左脚内扣，随之重心前移至左脚，身体右转，右脚收回成右虚步，同时两臂反向翻滚。（图3-2-2-42）

左式动作与右式动作相同，唯方向相反。（图3-2-2-43、图3-2-2-44、图3-2-2-45）

图3-2-2-40

图3-2-2-41

图3-2-2-42

图3-2-2-43

图3-2-2-44

图3-2-2-45

**第八势【十字翻掌】**

动作一：身体重心右移，身体转正，同时双手由拳变掌，前后相叠，左掌在外，右掌在内。随即身体左转，重心左移变左弓步，同时双掌背缓缓向左前方推出，目视掌心。（图3-2-2-46）

动作二：两臂内旋，转掌心向下，目视双掌。（图3-2-2-47）

动作三：身体重心右移，成右弓步；同时双掌经体前回捋下落至腹前，掌心转向内，目视左前方。（图3-2-2-48）

动作四：两掌内翻，上抬至胸前，成十字掌，掌心朝内，向前推出，目视两掌。（图3-2-2-49、图3-2-2-50）

右式动作与左式动作相同，唯方向相反。

图3-2-2-46

图3-2-2-47

图3-2-2-48

图3-2-2-49

图3-2-2-50

【收势】

动作一：重心移至两脚之间，身体转正，两掌十字掌平举于胸前，同时掌心向下，目视两掌。（图3-2-2-51）

动作二：双掌自然分开至身体两侧平举，掌心向下，目视前方。（图3-2-2-52）

动作三：身体重心左移，右脚收回一小步，两脚距离与肩同宽，同时两张下落内收至腹前托掌，两腿屈蹲，目视前方。（图3-2-2-53）

动作四：两腿缓缓直立，同时双手上托，至胸前翻掌下按，两臂自然垂于身体两侧，身体放松，呼吸均匀，气沉丹田；目视前方。（图3-2-2-54、图3-2-2-55）

动作五：右脚回收，两脚并步站立，身体松静自然，目视前方。（图3-2-2-56）

【注意要点】

1. 总体上在招式中的开、起、升、曲与合、落、降、伸要保持自然呼吸；这里所讲的自然呼吸是指腹式呼吸，做到鼻吸和鼻呼。

2. 动作柔和缓慢，圆活完整，虚实分明；刚柔相济，绵绵不断。

3. 动中求静、形与神合，神与气合，气贯丹田。

图3-2-2-51

图3-2-2-52

图3-2-2-53

图3-2-2-54

图3-2-2-55

图3-2-2-56

## 十八式绵拳养生功法套路

**演示者：孙红喜**

十八式绵拳养生功法套路是由国家级非物质文化遗产项目绵拳掌门人孙红喜和传承人方国平根据绵拳养生功法的基本内容，结合绵拳的基本动作编创的一套适合大众习练的成套养生功法。它总共有18个核心动作，围绕着人体全面系统的锻炼。

**【预备式】**

动作一：自然站立，两臂垂于身体两侧，两掌掌心轻贴体外侧，后背贴衣裳，肩井照涌泉，百会上领，头正颈直，含胸拔背，松腰敛臀，身体中正，目视前方。（图3-2-3-1）

动作二：两肩上提向后绕环一周，两手自然垂于身体两侧，还原为动作一，目视前方。（图3-2-3-2、图3-2-3-3）

**第一式【气吞乾坤】**

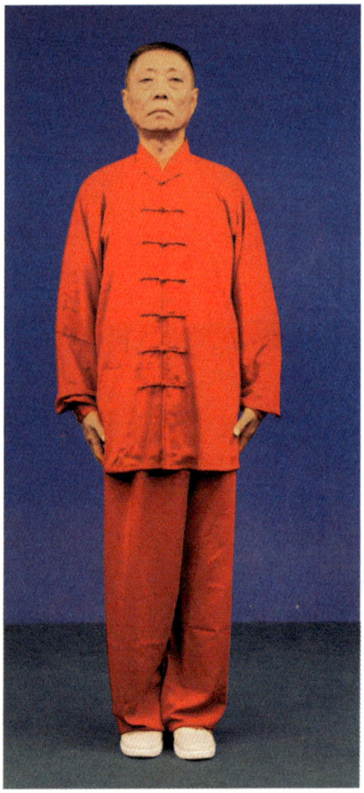

图3-2-3-1

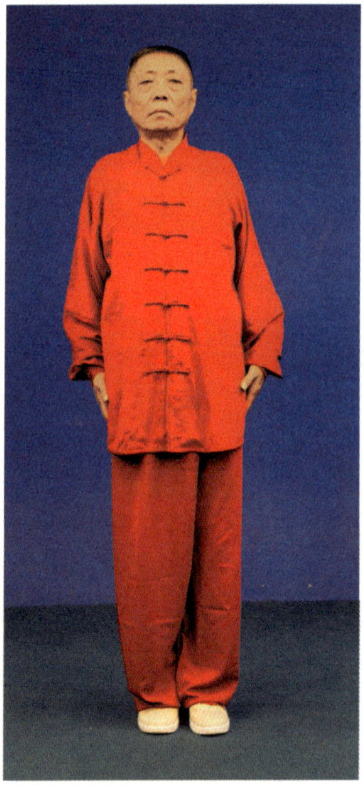

图3-2-3-2

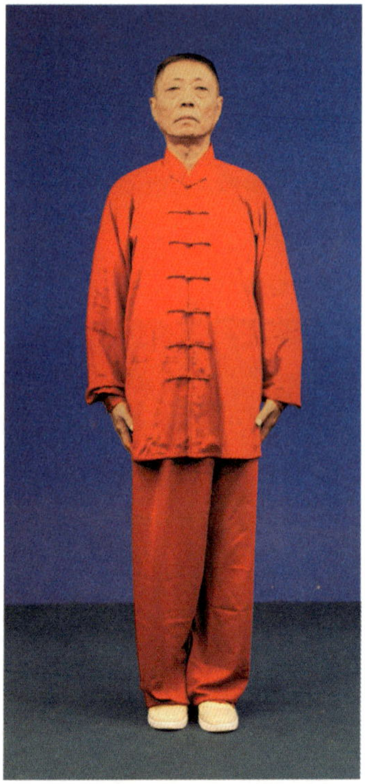

图3-2-3-3

动作一：左脚向左开一大步，宽度超过肩宽，目视前方。（图3-2-3-4）

动作二：两手转掌心向上缓缓上托，托于胸前，与膻中穴齐高，沉肩坠肘，目视前方。（图3-2-3-5）

动作三：转掌心向下，翻掌下按，目视前方。（图3-2-3-6）

动作四：两掌经胸前下按至腹腔下端，掌心向下，目视前方。（图3-2-3-7、图3-2-3-8）

图3-2-3-4

图3-2-3-5

图3-2-3-6

图3-2-3-7

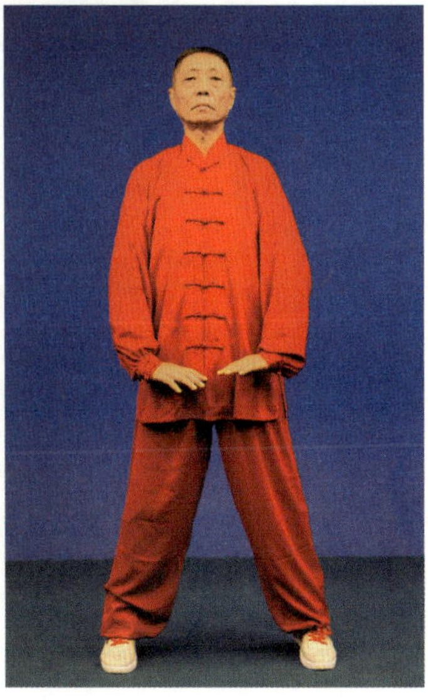
图3-2-3-8

**第二式【一展身手】**

动作一：两手上托于胸前，转掌指向前平伸，两臂伸展，展成体侧成一字型，目视前方。（图3–2–3–9、图3–2–3–10）

动作二：身体左转向左方再迈半步；右臂向下轮臂至左肩高度，同时左手经右肩下落扶于左腿，右臂继续轮臂；如此重复2遍；展成体侧成一字马步型，目视前方。（图3–2–3–11、图3–2–3–12、图3–2–3–13、图3–2–3–14、图3–2–3–15）

动作三：身体右转，重复动作二的动作。（图3–2–3–16、图3–2–3–17、图3–2–3–18、图3–2–3–19）

图3–2–3–9

图3–2–3–10

图3–2–3–11

图3-2-3-12

图3-2-3-13

图3-2-3-14

图3-2-3-15

图3-2-3-16

图3-2-3-17

图3-2-3-18

图3-2-3-19

**第三式【秀才撩衣】**

动作一：两臂体前相合与肩等宽高，落肘回收，经两侧肋骨至体后；手背摩运至腰侧，身体直立；目视前方（图3-2-3-20、图3-2-3-21、图3-2-3-22、图3-2-3-23、图3-2-3-23背）

动作二：两腿屈蹲，两手经大腿两侧撩起，展成体侧成一字型，目视前方。（图3-2-3-24、图3-2-3-24背）

如此往返2次。

图3-2-3-20

图3-2-3-21

图3-2-3-22

图3-2-3-23

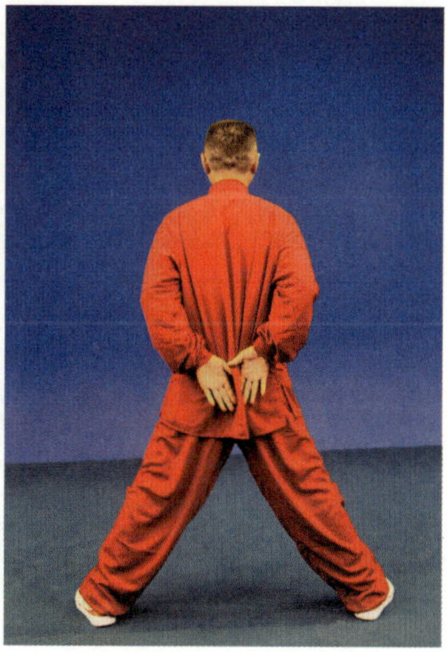
图3-2-3-23背

图3-2-3-24

图3-2-3-24背

**第四式【壮士弄丸】**

动作一：两臂向前合抱。左手在下，右手在上，目视前方。（图3-2-3-25）

动作二：以腰为轴，转动两臂；右手在上，左手在下，目视前方。（图3-2-3-26）

如此往返3次。

图3-2-3-25

图3-2-3-26

**第五式【平步青云】**

动作一：身体右转成右弓步，右手经脸前画弧置于身体有侧，与肩同高，掌心向内；转掌心向外，目视前手掌。（图3-2-3-27、图3-2-3-28、图3-2-3-29）

动作二：身体左转成左弓步，左手经脸前画弧置于身体右侧，与肩同高，掌心向内；转掌心向外，目视前手掌。（图3-2-3-30、图3-2-3-31、图3-2-3-32）

图3-2-3-27

图3-2-3-28

图3-2-3-29

图3-2-3-30

图3-2-3-31

图3-2-3-32

**第六式【内养外护】**

动作一：接上动，抱球于胸前成马步，右手在上，左手在下，目视前手掌。（图3-2-3-33、图3-2-3-34）

动作二：身体左转成弓步，两手收于腰侧，转掌心向上，目视左前方。（图3-2-3-35、图3-2-3-36、图3-2-3-37）

动作三：身体右转成弓步，两手向前平伸，向左旋转，重心由右变左，再移到右，目视前方。（图3-2-3-38、图3-2-3-39、图3-2-3-40、图3-2-3-41）

动作四：身体转正变成马步，两手平伸，与肩等宽高，目视前方。（图3-2-3-42、图3-2-3-43）

如此左右各重复2次。

图3-2-3-33

图3-2-3-34

图3-2-3-35

图3-2-3-36

图3-2-3-37

图3-2-3-38

图3-2-3-39

图3-2-3-40

图3-2-3-41

图3-2-3-42

图3-2-3-43

**第七式【力拔千斤】**

动作一：两腿直立，两臂向上伸展，置于头顶上方，逐渐拔伸肢体，目视前方。（图3-2-3-44、图3-2-3-45）

动作二：两手体前直臂下落，经体侧向后伸展，目视前方。（图3-2-3-46、图3-2-3-47、图3-2-3-48、图3-2-3-48背）

动作三：两掌变拳，收于腰侧，屈蹲；两拳向上伸展，置于头顶上方，拳眼向前，目视前方。（图3-2-3-49、图3-2-3-49背、图3-2-3-50、图3-2-3-51）

动作四：两拳变掌，体前直臂下落。经体侧向后伸展，目视前方。（图3-2-3-52、图3-2-3-53、图3-2-3-54）

动作五：重复动作三。

如此动作重复2次。

图3-2-3-44

图3-2-3-45

图3-2-3-46

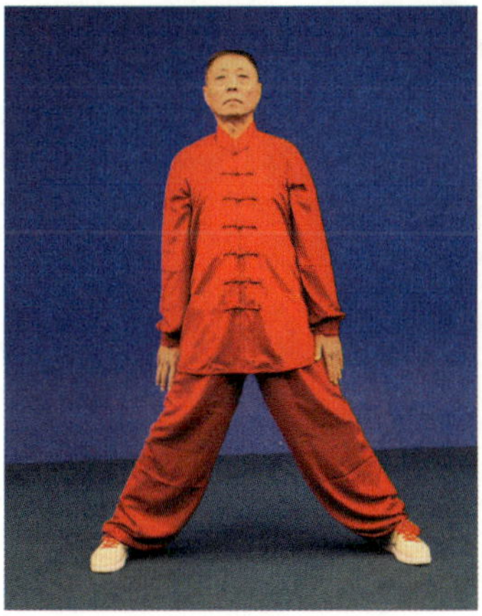
图3-2-3-47

图3-2-3-48

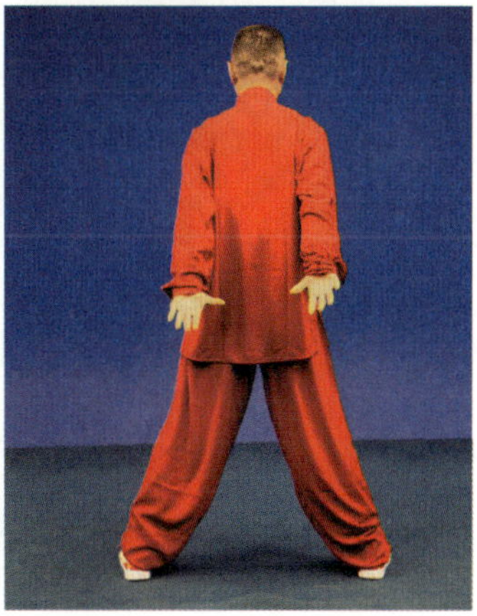
图3-2-3-48背

图3-2-3-49

图3-2-3-49背

图3-2-3-50

图3-2-3-51

图3-2-3-52

图3-2-3-53

图3-2-3-54

**第八式【左右开弓】**

动作一：接上动；两拳经两侧落下，与肩等高，目视前方。（图3-2-3-55、图3-2-3-56）

动作二：身体左转，右掌合于左掌，左掌立掌，右掌放于左腕处，目视左掌。（图3-2-3-57、图3-2-3-58）

动作三：身体右转，右臂屈肘；右掌变拳，右肘向右侧顶出，成右弓步，目视右前方。（图3-2-3-59、图3-2-3-60）

动作四：右臂伸直，左掌合于右掌，右掌立掌，左掌放于右腕处，目视右掌。（图3-2-3-61、图3-2-3-62、图3-2-3-63）

动作五：身体左转，左臂屈肘；左掌变拳，左肘向左侧顶出，成左弓步，目视左前方。（图3-2-3-64、图3-2-3-65）

图3-2-3-55

图3-2-3-56

图3-2-3-57

图3-2-3-58

图3-2-3-59

图3-2-3-60

图3-2-3-61

图3-2-3-62

图3-2-3-63

图3-2-3-64

图3-2-3-65

**第九式【格肘插掌】**

动作一：身体右转，同时右掌变拳格肘于胸前，成左弓步，目视右拳。（图3–2–3–66）

动作二：左拳变掌，经右肘下穿出收于左腰侧，成左侧弓步，目视右前方。（图3–2–3–67、图3–2–3–68）

动作三：右掌向右前方插出，左掌收于左肋处，成马步，目视右前方。（图3–2–3–69）

动作四：左掌变拳格肘于胸前，成右弓步，目视左拳。（图3–2–3–70）

动作五：右掌经左肘下穿出收于左腰侧，成右侧弓步，目视左前方。（图3–2–3–71、图3–2–3–72）

动作六：左掌向左前方插出，右掌收于右肋处，成马步，目视左前方。（图3–2–3–73）

图3–2–3–66

图3–2–3–67

图3–2–3–68

图3-2-3-69

图3-2-3-70

图3-2-3-71

图3-2-3-72

图3-2-3-73

第十式【转身顶肘】

动作一：重心后移，左脚尖点地；左手变拳经下向上格挡，目视拳眼。（图3-2-3-74）

动作二：左脚落实，右脚上步；弓步向右前方推右掌，目视右掌。（图3-2-3-75、图3-2-3-76）

动作三：接上动，推左掌，右掌收于腰间，目视左掌。（图3-2-3-77）

动作四：弓步，右肘向前方顶出，左手收回搭于右手腕处，目视肘关节。（图3-2-3-78）

动作五：重心后移，右脚尖点地；落肘转身上步弓步顶肘，目视肘关节。（图3-2-3-79、图3-2-3-80、图3-2-3-81）

图3-2-3-74

图3-2-3-75

图3-2-3-76

图3-2-3-77

图3-2-3-78

图3-2-3-79

图3-2-3-80

图3-2-3-81

第十一式【双钩手腕】

动作一：重心右移，变右弓步；双掌变拳向上画弧收于腰间，右脚收回变虚步，目视右前方。（图3-2-3-82、图3-2-3-83、图3-2-3-84）

动作二：右脚落实变右弓步；双拳从腰侧向前伸出，目视双拳。（图3-2-3-85、图3-2-3-86）

动作三：左脚向右脚并拢；双拳向上画弧举于头顶上方变掌，目视前方。（图3-2-3-87、图3-2-3-88）

动作四：两手继续向左画弧，经腹前；右脚向右前方上步成右弓步；两掌变勾手向右前方顶出，与肩同宽高，目视两手腕。（图3-2-3-89、图3-2-3-90、图3-2-3-91）

图3-2-3-74

图3-2-3-75

图3-2-3-76

图3-2-3-85

图3-2-3-86

图3-2-3-87

图3-2-3-88

图3-2-3-89

图3-2-3-90

图3-2-3-91

**第十二式【双手推掌】**

动作一：两勾手变掌，两掌收于胸前；同时身体拧身右转，目视左前方。（图3-2-3-92、图3-2-3-93）

动作二：左脚上步成虚步；双手收于右腰侧，目视左前方。(图3-2-3-94）

动作三：重心前移，左脚踏实成左弓步；双手经腰间向前推出，与肩等宽高，目视前方。（图3-2-3-95、图3-2-3-96、图33-2-3-97）

图3-2-3-92

图3-2-3-93

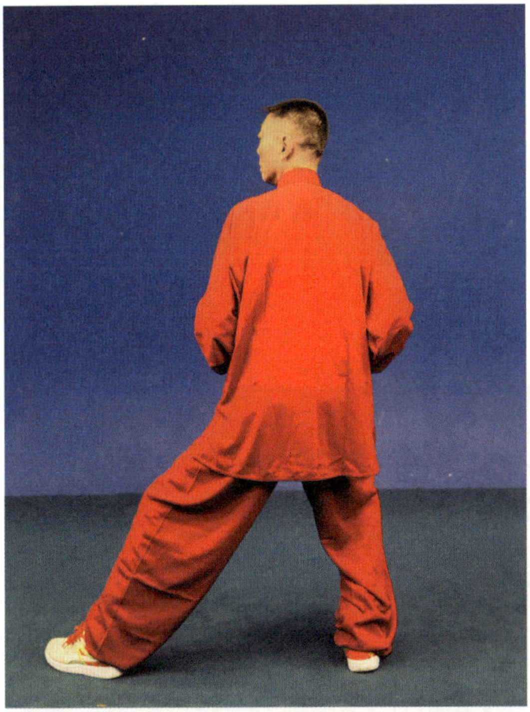

图3-2-3-94

图3-2-3-95

图3-2-3-96

图3-2-3-97

### 第十三式【轮臂顶肘】

动作一：左脚收回，同时右臂经上向下轮臂，目视前方。（图3-2-3-98、图3-2-3-99）

动作二：左脚落实，成右弓步，继续轮臂至头顶上方，目视前方。（图3-2-3-100、图3-2-3-101）

动作三：右掌屈肘下落，右脚上步；右掌收于腰间，左掌按于胸前，弓步顶肘，目视肘前方。（图3-2-3-102、图3-2-3-103、图3-2-3-104）

图3-2-3-98

图3-2-3-99

图3-2-3-100

图3-2-3-101

图3-2-3-102

图3-2-3-103

图3-2-3-104

**第十四式【架打冲拳】**

动作一：右臂上举格挡，右拳置于额前方；左拳护于胸部，目视前方。（图3-2-3-105）

动作二：左臂上举格挡，左拳置于额前方；右拳护于胸部，目视前方。（图3-2-3-106）

动作三：重心后移，右脚撤回半步成虚步；右拳收于腰间，左拳置于胸前，目视前方。（图3-2-3-107）

动作四：右脚向前上半步，成马步；左拳收于腰间，右拳向前打出，目视右拳的方向。（图3-2-3-108、图3-2-3-109）

图3-2-3-105

图3-2-3-106

图3-2-3-107

图3-2-3-108

图3-2-3-109

**第十五式【左右栽拳】**

动作一：右拳收回，提肘，左拳置于腹前；右脚收回半步，目视前方。（图3-2-3-110）

动作二：右脚向前半步，成马步；右肘向前顶出，左手扶于右手腕处，目视右肘。（图3-2-3-111）

动作三：重心左移，成侧弓步；右手变拳顺势向左下方栽拳，左手扶于右肩处，目视右拳。（图3-2-3-112）

动作四：重心右移，成右弓步；交换提肘，左拳向右下方栽拳。右手扶于左肩处，目视左拳。（图3-2-3-113、图3-2-3-114、图3-2-3-115）

图3-2-3-110

图3-2-3-111

图3-2-3-112

图3-2-3-113

图3-2-3-114

图3-2-3-115

第十六式【内收外展】

动作一：重心后移，成马步；左拳变掌，收于胸前，掌心朝上，右掌扶于左手腕处，目视双手。（图3-2-3-116）

动作二：重心左移成左弓步；右手搭于左手腕处向前挤出，目视左手掌。（图3-2-3-117）

动作三：两手分掌；重心后移，左脚点地成虚步，两掌收于腰间，目视前方。（图3-2-3-118、图3-2-3-119）

动作四：左脚向前上半步，成弓步；两肘同时向前合拢，目视前方。（图3-2-3-120）

动作五：重心后移，左脚掌点地，成虚步；同时两肘外展，向后顶出，目视前方。（图3-2-3-121）

图3-2-3-116

图3-2-3-117

图3-2-3-118

图3-2-3-119

图3-2-3-120

图3-2-3-121

**第十七式【滚龙运肘】**

动作一：重心前移，左脚向前上步，成弓步；两肘交替向前滚出，目视前方。（图3-2-3-122、图3-2-3-123、图3-2-3-124）

动作二：重心后移，左脚收回换步，上右脚，变右弓步；两肘交替向前滚出，目视前方。（图3-2-3-125、图3-2-3-126、图3-2-3-127）

动作三：重心变换，上左脚，成马步；两肘交替向前滚出，目视前方。（图3-2-3-128、图3-2-3-129、图3-2-3-130）

图3-2-3-122

图3-2-3-123

图3-2-3-124

图3-2-3-125

图3-2-3-126

图3-2-3-127

图3-2-3-128

图3-2-3-129

图3-2-3-130

**第十八式【原地磨肩】**

动作一：接上动，肘关节伸直；提肩外展，目视前方。（图3-2-3-131）

动作二：交换磨肩，身体重心逐渐上移；直立磨肩，目视前方。（图3-2-3-132、图3-2-3-133）

动作三：并步收回，呈立正姿势，目视前方。（图3-2-3-134）

图3-2-3-131

图3-2-3-132

图3-2-3-133

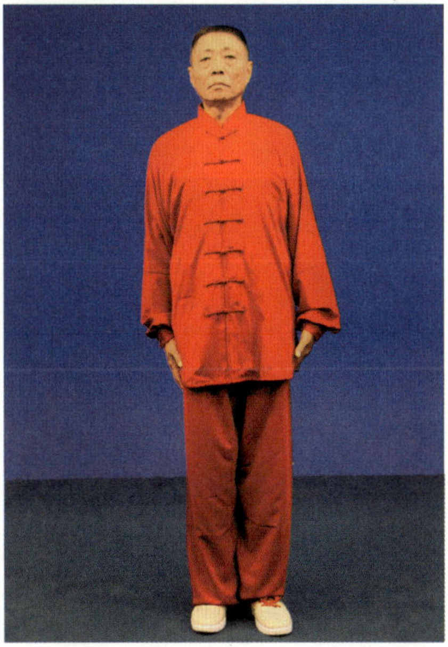

图3-2-3-134

# 绵拳的练法

## 十六骱的练法

**演示者：方国平**

骱是一种方言的说法，指的是骨节与骨节衔接的地方。《万历野获编》（德符）说肩髀不能举，则骱已脱矣。绵拳养生功法中有专门锻炼骱的方法。

【踝】

动作一：两手叉腰，抬起左脚，旋转踝关节，逆时针和顺时针各9次，目视前方。（图3-3-1-1）

动作二：交换脚，同动作一。（图3-3-1-2）

【膝】

动作：双脚并拢，两手扶于膝关节上，做膝部旋转动作，逆时针和顺时针各9次，目视前下方。（图3-3-1-3、图3-3-1-4）

【髋】

动作：双手托于骶髂关节处，做左右方向的旋转，逆时针和顺时针各做9次，目视前方。（图3-3-1-5、图3-3-1-6）

【骶髂关节】

动作一：直腿上提髋关节，放松下

图3-3-1-1

图3-3-1-2

图3-3-1-3

图3-3-1-4

图3-3-1-5

图3-3-1-6

落，目视前方。（图3-3-1-7）

动作二：交换脚，同动作一。（图3-3-1-8）

该动作左右1次为1组，一般做9组。

**【腕】**

动作一：左手腕曲，用右手固定，以腕关节为轴，转动肘部，逆时针和顺时针各9次，目视前方。（图3-3-1-9、图3-3-1-10）

动作二：交换手，同动作一。（图3-3-1-11、图3-3-1-12）

**【肘】**

动作一：抬起左前臂，轻握拳，以肘关节为轴旋转，逆时针和顺时针各做9次，目视前方。（图3-3-1-13、图3-3-1-14）

动作二：交换手臂，同动作一。

**【肩】**

动作一：左脚向左前方上步，成弓步；右手叉腰，伸左臂；以肩关节为轴，

图3-3-1-7

图3-3-1-8

图3-3-1-9

图3-3-1-10

旋臂，逆时针和顺时针各9次，目视前方。（图3-3-1-15、图3-3-1-16）

动作二：交换脚，同动作一。（图3-3-1-17、图3-3-1-18）

**【肩胛】**

动作：两脚分开，双手抱肘与肩平，以两个肩胛骨为轴，肩关节旋动，

时针和顺时针各做9次，目视前方。（图3-3-1-19、图3-3-1-20）

**【注意事项】**

1. 呼吸：十六个骱的练功方法都以自然呼吸为主，呼吸顺序可采用起吸落呼。

2. 意念：在练习十六骱的时候，意念关注练习的主要部位。

**【功理作用】**

该功法可以全面活动身体主要的关节部位，起到滑利关节的效果。

图3-3-1-11

图3-3-1-12

图3-3-1-13

图3-3-1-14

图3-3-1-15

图3-3-1-16

图3-3-1-17

图3-3-1-18

图3-3-1-19

图3-3-1-20

## 绵拳基本功十二式练习方法

**演示者：方建**

**第一式【摇手（摇膀子）】**

动作一：两腿成弓步，脚尖内扣，前腿小腿与地面垂直；后腿绷直，与前腿成一条直线；左手掐腰，右手自然垂于体侧，掌心朝前；上体正直，目视前方。（图3-3-2-1）

动作二：两脚不动，右手松肩，向前撩起，至上方右臂内旋，转掌心朝外，大臂部垂直贴耳；继而掌心外翻，向后盖下，下落时小臂贴紧外胯。（图3-3-2-2）

动作三：摇左手。左弓箭步摇左手，动作要领同上。（图3-3-2-3、图3-3-2-4）

要点：虚领顶劲，挺胸塌腰，气沉丹田。摇臂时，松肩伸臂，上举贴耳，掌型变换准确。

图3-3-2-1

图3-3-2-2

图3-3-2-3

图3-3-2-4

**第二式【马步冲拳】**

动作一：两脚左右开立下蹲成马步，两拳放置腰两侧，拳心向上，目视前方。（图3–3–2–5）

动作二：保持马步不变，右拳向前冲出，拳心向下，拳与肩齐高，目视右拳。（图3–3–2–6）

动作三：右拳变掌，五指撑开，掌心向下，随即顺时针外旋抓握成拳，拳心向上，目视拳心。（图3–3–2–7、图3–3–2–7侧）

动作四：右拳拉回至腰间。（图3–3–2–8）

动作五：右拳下拉至腰间，冲出左拳右弓步，拳心向下。（图3–3–2–9）

左拳动作与右拳动作相同，唯动作相反。

要点：冲拳时，以腰发力，转腰顺肩，力达拳面；抓握时，要快速有力。

图3–3–2–5

图3–3–2–6

图3-3-2-7

图3-3-2-7侧

图3-3-2-8

图3-3-2-9

第三式【马步双拳】

动作一：成马步式，脚尖内扣，两膝向胯两边撑开，膝盖不过脚尖。两拳放置腰两侧，掌心向上。上体中正，目视前方。（图3–3–2–10）

动作二：旋臂双冲拳，两臂伸直，拳与肩平，拳心向下，两拳之间一拳相隔。（图3–3–2–11、图3–3–2–11侧）

动作三：曲臂收拳至胸前，成拉弓肘式，双肘与肩平，拳面相对。（图3–3–2–12）

动作四：两拳下翻用力收至腰间，拳心向上，目视前方。（图3–3–2–13）

要点：双冲拳时，以腰催力发出，力要顺达；回拉肘时，应快速有力，力达两肘尖。

图3–3–2–10

图3–3–2–11

图3–3–2–11侧

图3–3–2–12

图3–3–2–13

### 第四式【马步通背】

动作一：成马步式，两臂伸直上举，掌心朝前，目视前方。（图3-3-2-14）

动作二：两臂快速下摆，经体侧至背后最高点，掌心向上，身体中正，目视前方。（图3-3-2-15、图3-3-2-15侧）

动作三：双手握拳屈肘，经两肋侧向前顶出，并借马步下蹲之势发劲，力达肘尖，拳心向内。（图3-3-2-16）

要点：下摆臂时，应该快速有力；前顶肘时，应沉肩坠肘，含胸拔背，气沉丹田。

图3-3-2-14

图3-3-2-15

图3-3-2-15侧

图3-3-2-16

**第五式【摩肩】**

动作一：成马步式，两臂体前自然下垂，掌心相对，之间朝下。（图3-3-2-17）

动作二：两腿姿势保持不变，右臂内旋，转掌心向外，同时右肩上提，带动肘关节上提至耳侧，前臂自然下垂。（图3-3-2-18）

动作三：两腿姿势保持不变，右肩、右肘微外展，带动右手向侧后翻滚，经身体右肋侧还原，掌心向内。（图3-3-2-19）

左式动作与右式动作相同，唯方向相反。（图3-3-2-20）

要点：上提肘时，应以肩带动。整个动作过程，身体保持正直，气沉丹田。

图3-3-2-17

图3-3-2-18

图3-3-2-19

图3-3-2-20

### 第六式【千斤锤】

动作一：两脚平行站立，与肩同宽，双手自然托于腹前，掌心向上，指尖相对，目视前方。（图3-3-2-21）

动作二：膝关节微曲，同时双手由下往上提至胸前，手心向上，指尖相对。（图3-3-2-22）

动作三：两臂内旋，翻掌心向下，目视前方。（图3-3-2-23）

动作四：两肘下落，两掌合于胸前，含胸拔背，目视前方。（图3-3-2-24）

动作五：两肘上抬，同时两掌握拳内翻，拳背相对，合于胸前，目视前方。（图3-3-2-25）

动作六：两脚下蹬，脚跟离地，头往上顶，同时双拳沿前胸直线向下发劲，与双脚蹬地之力形成对拔劲，手臂伸直，拳心向内。（图3-3-2-26、图3-3-2-26侧）

图3-3-2-21

图3-3-2-22

图3-3-2-23

图3-3-2-24

图3-3-2-25

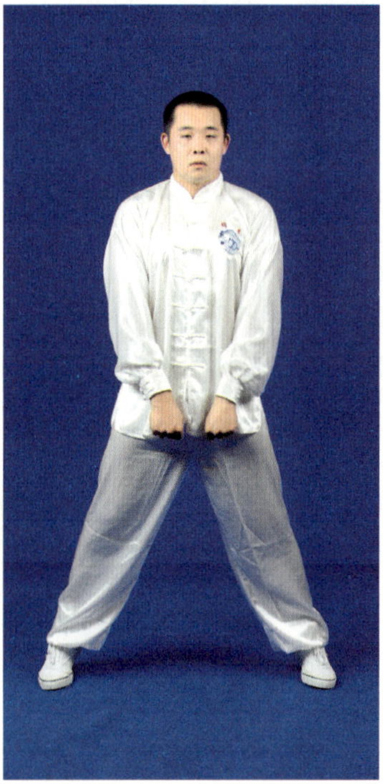
图3-3-2-26

图3-3-2-26侧

**第七式【狮子盘球】**

动作一：成马步式，两手成虎爪状于胸前成抱球式，左手掌在下丹田处，掌心朝上，右手掌在胸前，掌心朝下。（图3-3-2-27）

动作二：两腿、两手动作保持不变，身体右转，目视右方。（图3-3-2-28）

动作三：两腿动作保持不变，身体左转，同时右掌外旋下落至腹前，掌心向上，左掌内旋上提至胸前，掌心向下，两掌心相对，目视左方。（图3-3-2-29）

要点：两掌转换时，应注意始终保持抱球状。

图3-3-2-27

图3-3-2-28

图3-3-2-29

**第八式【狮子滚球式】**

动作一：两脚并拢，身体松静站立，两手自然垂于体侧，目视前方。（图3-3-2-30）

动作二：左手上托于腹前，同时右手经体前上举至头顶，掌心朝外，目视前方。（图3-3-2-31）

动作三：身体左转，右脚向右前方45° 上步，随即曲蹲成马步，同时右手经右腿外侧前撩，并绕过右膝回收至腹前，掌心朝上，左手略上抬至胸前，翻转掌心向下，与右手掌心上下相对，目视左前方。（图3-3-2-32）

动作四：两腿动作保持不变，身体右转，同时左手外旋下落至腹前，掌心朝上，右手内旋上提至胸前，掌心向下，与左掌心上下相对，目视右侧。（图3-3-2-33）

动作五：身体姿势不变，左手内旋上提至胸前，掌心向下，右手外旋下落至腹前，掌心向上，与左掌心上下相对，目视右侧。（图3-3-2-34）

动作六：身体重心后移至左脚，右脚收回脚尖点地成丁字步，同时左手经面前上举，掌心朝外，右手托于腹前不变，目视前方。（图3-3-2-35）

左式动作与右式动作相同，唯方向相反。

要点：两手上下转换时，动作应协调准确。

图3-3-2-30

图3-3-2-31

图3-3-2-32

图3-3-2-33

图3-3-2-34

图3-3-2-35

**第九式【撑排抖骨】**

动作一：两脚左右开立成右弓步，右臂体前自然下垂，掌心朝内，左手背轻贴靠于后背中线上，目视右方。（图3-3-2-36）

动作二：右手握拳提肘，肘比肩高，拳近胸，拳心向外，左手背紧贴后胸背正中，目视右前方。

动作三：重心左移，右脚内扣，左脚外展，变左弓步；同时左掌沿后背中线下插，并经左腿外侧缓移至下裆处，随即沿下丹田握拳向上提肘至胸处，拳心向外，肘比肩高，右拳则经右肋外侧向背后移动，至后背处变掌，掌背贴住后背平移至背部中线，目视左肘。（图3-3-2-37）

要点：弓步变换准确，两手动作自然协调，左右挑肘快速，发放劲力。

图3-3-2-36

图3-3-2-37

**第十式【拉弓肘】**

动作一：两脚并步站立，松静自然，两臂自然下垂，目视前方。（图3–3–2–38）

动作二：重心右移，右脚向右横跨一步，脚尖内扣，成右弓步；同时抬右臂至肩平，曲肘前顶，拳至胸前，拳心向下，眼睛平视肘部，左臂握拳侧平举，拳与肩平，拳心向前。两臂成右拉弓状。（图3–3–2–39）

动作三：重心左移，变左弓步，同时左臂曲肘前顶，肘与肩平，拳至胸前，眼睛平视左肘，右臂伸直侧平举，两臂成左拉弓状。（图3–3–2–40）

要点：顶肘时，应短促有力。

图3–3–2–38

图3–3–2–39

图3–3–2–40

**第十一式【双肘】**

动作一：两脚左右开立成马步，双肘提起与肩平，拳面相对，拳心向下，目视前方。（图3–3–2–41）

动作二：身体左转成弓步，同时右肘向左平扫至与左膝齐，左肘与右肘近直角，目视右肘。（图3–3–2–42）

动作三：身体右转成右弓步，同时左肘向右平扫与左膝齐，与右肘成近直角，目视左肘。（图3–3–2–43）

要点：扫肘时，应快速有力，力达肘尖。

图3–3–2–41

图3–3–2–42

图3–3–2–43

**第十二式【牛角肘】**

动作一：两脚开立成马步式，双拳收于腰部，拳心向上，目视前方。（图3-3-2-44）

动作二：身体左转变左弓步，同时右拳向左腿内侧下冲，手臂伸直，拳心斜向内，左拳变掌上提至右肩处，掌背护耳，目视左前方。（图3-3-2-45）

动作三：身体微右转变右弓步，同时右臂曲肘上提，向右耳方向发劲顶出，肘高于肩，左掌用力下按至裆部，掌心向下，目视右肘。

左式动作与右式动作相同，唯方向相反。（图3-3-2-46）

要点：下冲拳，快速有力；顶肘时，力达肘尖。

图3-3-2-44

图3-3-2-45

图3-3-2-46

# 绵拳功力对练

**演示者：孙红喜 徐小龙**

**【预备姿势】**

甲乙（图中左侧为甲方，右侧为乙方）双方相对而立，平视对方。

**第一式【弓步单推膀】**

1. 准备姿势。（图3-3-3-1）

2. 甲乙双方均向前迈出右脚成右弓步；同时，左手掐腰，右臂向前伸出，搭靠在对方手臂外侧。（图3-3-3-2）

至定势时，须保持沉肩坠肘，右臂略微弯曲，注意接触点处的皮肤敏感，不丢不顶。

3. 乙方重心前移，同时右臂内旋，转掌下按，向甲方头面部拍击；甲方手臂感知乙方来力方向，身体重心后移，身体右转，同时右臂内旋引领乙方手臂向后、向上闪化，前臂弯曲内收至头右侧，化解乙方攻势。（图3-3-3-3、图3-3-3-4）

4. 当甲方化解乙方攻势完毕时，甲方重心迅速前移，同时右臂外旋，催动右臂向前伸出，以右掌攻击乙方右肋部位，拳心向上；乙方手臂感知甲方来力方向，重心向后移动，身体右转，同时右臂内旋向后、向上闪化，前臂弯曲内收至头右侧，化解甲方攻势。（图3-3-3-5）

5. 循环练习第3、4步。

图3-3-3-1

图3-3-3-2

图3-3-3-3

图3-3-3-4

图3-3-3-5

**第二式【十字勾腕】**

1. 预备姿势。（图3-3-3-6）

2. 甲乙向前迈右脚成右弓步，右脚脚掌略内扣，置于对方右脚脚后跟处，膝盖向前顶住对方膝盖；同时左手掐腰，右臂向前伸出，搭靠在对方前臂外侧，不丢不顶。（图3-3-3-7）

3. 乙方右手翻转成掌心向上，同时向甲方头面部方向前穿刺3～5厘米，甲方感知乙方力量变化后，右臂随之内旋向右、向后引化；随后乙方右掌内旋、右腕下沉，抓扣甲方右腕，甲方右臂继续内旋，配合乙方动作，直至右手掌心向上。（图3-3-3-8）

4. 待乙方动作完成，甲方向右乙方头面部方向穿刺3～5厘米，乙方感知甲方力量变化后，右手松开甲方手腕，同时右臂内旋，向右、向后引化；随后甲方右掌内旋、右腕下沉，抓扣乙方右腕，乙方右臂继续内旋，配合甲方动作，直至右手掌心向上。（图3-3-3-9、图3-3-3-10）

5. 循环练习第3、4步。

图3-3-3-6

图3-3-3-7

图3-3-3-8

图3-3-3-9

图3-3-3-10

**第三式【弓步压腕】**

1. 预备姿势。（图3-3-3-11）

2. 甲乙向前迈右脚成右弓步，套锁对方右脚（右脚脚掌略内扣，置于对方右脚脚后跟处，膝盖向前顶住对方膝盖）；同时左手掐腰，右臂向前伸出，搭靠在对方前臂外侧，不丢不顶。（图3-3-3-12）

3. 乙方右臂略曲臂内收，待右掌高于甲方前臂（此时双方前臂呈十字交叉状）时，右手抓握成拳，甲方感知乙方力量变化后，右手掌指并拢，右臂随之逐渐内旋，继续保持听劲；随后乙方右臂内旋，以双方手臂接触点手腕外侧为中心，在肩背带动下，以短促的爆发劲将甲方右臂压下，甲方右臂继续旋转，配合乙方动作，直至右手掌心向上。（图3-3-3-13）

4. 待乙方动作完成后，甲方右臂略曲臂内收、外展，待右掌高于乙方前臂高度（此时双方前臂呈十字交叉状）时，右手抓握成拳，乙方感知甲方力量变化后，右手掌指并拢，右臂随之内旋，继续保持听劲；随后甲方右臂向内旋转，以双方手臂接触点（手腕七寸部位）为中心，在肩背带动下，以短促的爆发劲将乙方右臂压下，乙方右臂继续旋转，配合甲方动作，直至右手掌心向上。（图3-3-3-14、图3-3-3-15）

5. 循环练习第3、4步。

图3-3-3-11

图3-3-3-12

图3-3-3-13

图3-3-3-14

图3-3-3-15

**第四式【裹手顶劲】**

1. 预备姿势。（图3-3-3-16）

2. 甲乙均向前迈右脚成右弓步，落于对方前脚内侧；同时右手向前伸出，搭靠在对方前臂外侧，左手扶在对方肘尖处。（图3-3-3-17）

3. 甲乙重心均向后移动至左脚，同时乙方身体微右转，右手前臂向右向下画弧勾带甲方手腕内侧，然后身体转正，右手前臂向上画弧贴靠甲方手臂外侧，拳心向内，拳面向上，右臂成后拉蓄势状；甲方随势配合乙方动作。（图3-3-3-18、图3-3-3-19）

4. 甲乙重心均前移至右脚，借助重心移动的惯性及右侧膀背的发劲，前臂以短促的爆发力向前冲顶，力达双方前臂贴靠的接触点。（图3-3-3-20）

5. 循环练习第3、4步。

图3-3-3-16

图3-3-3-17

图3-3-3-18

图3-3-3-19

图3-3-3-20

第五式【沉肩击胸肘】

1. 预备姿势。（图3-3-3-21）

2. 甲乙均向前迈右脚成右弓步，落于对方前脚内侧；同时右手握拳向前伸出，搭靠在对方前臂外侧，左手扶在对方肘尖处。（图3-3-3-22）

3. 甲乙重心均向后移至左脚，同时身体微右转，右肩带动右臂尽量向后伸展；重心后移的过程中，甲乙右臂接触点保持不丢不顶，左手扶住对方右肘尖。

4. 甲乙重心均前移至右脚成右弓步，身体微左转；同时，乙右臂弯曲成平肘，右肩推动右肘尖向前顶击，以短促爆发劲击打甲胸部，甲顺势曲右肘（肘尖向下），右肩催动右肘向前下方发劲，左手则继续贴扶在乙肘尖处，垫在乙右肘尖与受击点中间，受击点将保持一定程度的紧绷状态。（图3-3-3-23）

5. 甲乙重心均向后移至左脚，同时身体微右转，右肩带动右臂尽量向后伸展；重心后移的过程中，甲乙右臂接触点保持不丢不顶，左手扶住对方右肘尖。（图3-3-3-24）

6. 甲乙重心均前移至右脚成右弓步，身体微左转；同时甲右臂弯曲成平肘，右肩推动右肘尖向前顶击，以短促爆发劲击打乙胸部；乙顺势曲右肘（肘尖向下），右肩催动右肘向前下方发劲，左手则继续贴扶在甲肘尖处，垫在甲右肘尖与受击点中间，受击点将保持一定程度的紧绷状态。（图3-3-3-25）

7. 循环练习第3～6步。

图3-3-3-21

图3-3-3-22

图3-3-3-23

图3-3-3-24

图3-3-3-25

**第六式【套步铲靠】**

1. 预备姿势。（图3–3–3–26）

2. 甲向前迈右步，以右掌拍击乙前胸；同时乙向前迈右步，右手屈肘置于体前，左手握拳，向左打开平举，以右胸承接乙的击打。（图3–3–3–27）

3. 乙身体向右拧转，带动右脚回收至左脚前方，与左脚成交叉步，同时乙右手臂上提，搭扣在甲右手前臂上，左手则顺势内收、下落搭在乙方右手肘窝处；至定势时，乙方呈交叉套步。（图3–3–3–28、图3–3–3–29）

4. 接上势，乙左脚向前迈步，落于甲身后两腿中间位置；随即乙以右脚蹬地催动身体向左平行移动，甲则略向前微移重心，甲乙上臂进行撞靠。（图3–3–3–30、图3–3–3–31）

5. 甲乙交替练习第2～4步。

图3–3–3–26

图3–3–3–27

图3-3-3-28

图3-3-3-29

图3-3-3-30

图3-3-3-31

**第七式【腾步单掌】**

1. 预备姿势（图3-3-3-32）

2. 甲乙均向前迈右脚，同时右手向前伸出，搭靠在对方前臂外侧，左手扶在对方右肘处。（图3-3-3-33）

3. 甲右手将乙右臂下压，与小腹齐高，同时重心前移成弓步，并以短促爆发劲掌击乙小腹；乙右臂配合甲动作，下落到小腹部位，与甲方想要击打部位相当，以引导甲掌击。（图3-3-3-34、图3-3-3-35）

4. 乙顺势后移动重心，收右脚成虚步，身体略向右转，以化解甲攻势，以左手扶在甲右肘位置，防范甲顺势肘击，同时右手翻掌绕至甲右腕上方，将甲右臂下压至小腹部位。（图3-3-3-36）

5. 甲乙可交替练习第2～4步。

图3-3-3-32

图3-3-3-33

图3-3-3-34

图3-3-3-35

图3-3-3-36

**第八式【平肘贴靠】**

1. 预备姿势。（图3–3–3–37）

2. 甲左脚后撤，成右弓步，同时左手立拳侧平举，右臂曲肘置于体前进行防护，同时乙左脚向前迈步呈左弓步，身体左转，左臂经体前向左、向上画弧，举于身体左侧，略有弯曲，右臂曲肘向左平扫，击打在甲方的前胸位置。（图3–3–3–38）

3. 甲乙可重复练习第2步。

图3–3–3–37

图3–3–3–38

**第九式【弓步上穿掌】**

1. 预备姿势。（图3-3-3-39）

2. 甲乙右脚向前伸出，脚尖点地成右虚步，同时两掌收于腰侧，掌心向上。（图3-3-3-40）

3. 甲乙身体重心前移，右脚前迈，成弓步，同时两掌向对方头部进行穿刺，至甲乙两右手腕外侧相接，右掌在前，左掌在后，掌心相对。（图3-3-3-41）

4. 甲乙可交替循环练习第2、3步。

图3-3-3-39

图3-3-3-40

图3-3-3-41

**第十式【左右挑肘贴靠】**

1. 预备姿势（两人之间的距离为两人上臂长度之和）。（图3-3-3-42）

2. 甲方向左平开一步，乙方向右平开一步，身体下蹲成马步，同时两臂曲肘，抱于身体两侧，前臂与地面垂直，两手握拳，拳心相对，甲乙手臂保持一致。（图3-3-3-43）

3. 甲乙身体左转，以拧腰摆胯和臂膀的力量将右肘向前方挑顶，至对方身体中线位置，双方右肘内侧进行贴靠，左手臂顺势置于左肩前，同时成左弓步。（图3-3-3-44、图3-3-3-45）

4. 甲乙可交替循环练习第2、3步。

图3-3-3-42

图3-3-3-43

图3-3-3-44

图3-3-3-45

**第十一式【左右拐肘贴靠】**

1. 预备姿势（两人之间的距离为两人上臂长度之和）。（图3–3–3–46）

2. 甲方向左平开一步，乙方向右平开一步，身体下蹲成马步，双方高度保持一致；同时双手掐腰，其力度不宜过大，保持位置相对稳定即可。（图3–3–3–47）

3. 甲乙身体左转，以拧腰摆胯和臂膀的力量将右肘向左侧横扫，至双方原身体中线处进行撞靠，接触点距离肘尖约3至5厘米。（图3–3–3–48、图3–3–3–49）

4. 甲乙可交替循环练习第2、3步。

图3–3–3–46

图3–3–3–47

图3–3–3–48

图3–3–3–49

第十二式【左右前肩贴靠】

1. 预备姿势。（图3-3-3-50）

2. 甲乙均右脚向前迈步，身体左转90°，下蹲成马步，两脚尖内扣，双方右脚外侧相抵；同时两臂曲肘夹肋，抱于胸前，拳面向上，拳心向内，前臂与地面垂直，目视对方。（图3-3-3-51）

3. 甲乙左脚蹬地，重心前移，右脚顺势向前迈出一小步；同时双方右肩外侧以短促爆发力进行撞靠。（图3-3-3-52、图3-3-3-53）

4. 甲乙可交替循环练习第2、3步。

图3-3-3-50

图3-3-3-51

图3-3-3-52

图3-3-3-53

**第十三式【左右前胸贴靠】**

1. 预备姿势。（图3-3-3-54）

2. 甲乙均向前迈右脚，身体左转90度；同时，左臂外旋握拳经体侧向上举过头顶，拳心向右，右臂握拳内旋体前下插护住裆部，拳心向内；此时右胸会由于右肩下沉而绷紧。（图3-3-3-55）

3. 甲乙左脚蹬地，右脚向前迈出呈弓步，随即身体重心前移动，以短促的爆发劲进行右侧胸部撞靠。（图3-3-3-56）

4. 左式动作与右式动作相同，唯方向相反，甲乙可交替循环练习第2、3步。

图3-3-3-54

图3-3-3-55

图3-3-3-56

第十四式【左右外肋排靠】

1. 预备姿势。（图3–3–3–57）

2. 甲乙右脚前迈，落于对方身后两脚之间，同时身体左转90°，下蹲成马步，两脚尖内扣；同时两臂曲肘夹肋，抱于胸前，拳心相对，前臂与地面垂直，目视对方。（图3–3–3–58）

3. 甲乙左脚蹬地，右脚略离地面向右移动一小步，随即重心移动至右脚；同时双方两臂伸直，以短促的爆发力进行外肋撞靠，目视右方。（图3–3–3–59）

4. 左式动作与右式动作相同，唯方向相反。甲乙可交替循环练习第2、3步。

第十五式【左右内肋排靠】

图3–3–3–57

图3–3–3–58

图3–3–3–59

1. 预备姿势。（图3–3–3–60）

2. 甲乙右脚前伸一小步，身体左转90°，成右虚步；同时两臂曲肘夹肋，抱于胸前，略高于肩，拳心相对，前臂与地面垂直，目视对方。（图3–3–3–61）

3. 甲乙左脚蹬地，右脚略离地面向右移动一大步，落于对方体前两脚之间，随即重心前移；同时双方两臂伸直，以短促的爆发力进行内肋撞靠，目视右方。（图3–3–3–62）

4. 左式动作与右式动作相同，唯方向相反。甲乙可交替循环练习第2、3步。

图3–3–3–60

图3–3–3–61

图3–3–3–62

**第十六式【侧身肩胸排靠】**

1. 预备姿势。（图3-3-3-63）

2. 甲乙向前迈右脚，前后开立；与此同时，右手向前伸出，搭靠在对方前臂外侧，左手扶在对方肘关节处。（图3-3-3-64）

3. 甲乙重心略向后移动，同时乙右手翻掌绕至甲右腕上方，将甲右臂下压至右腿内侧；甲随形就势，配合乙动作。（图3-3-3-65）

4. 甲乙左脚蹬地，身体重心迅速前移，借助于重心移动的惯性，甲以右肩臂向前方顶靠，乙则以膀背发力，右肩向前扣，以前胸（胸部与腋窝之间的凹陷处）承接甲方的顶靠，此时乙方须沉肩坠肘，加强受力点的抗击能力。（图3-3-3-66）

5. 左式动作与右式动作相同，唯方向相反。甲乙可交替循环练习第2～4步。

图3-3-3-63

图3-3-3-64

图3-3-3-65

图3-3-3-66

第十七式【左右撞胯】

1. 预备姿势。（图3-3-3-67）

2. 甲乙右脚前伸一小步，身体左转90°，成虚步；同时两臂曲肘夹肋，抱于胸前，略高于肩，拳心相对，前臂与地面垂直，目视对方。（图3-3-3-68）

3. 甲乙左脚蹬地，右脚略离地面向右移动一大步，落于对方背后两腿之间，随即重心前移；同时双方两臂伸直，双方以短促的爆发力进行外胯撞靠，目视右方。（图3-3-3-69）

4. 左式动作与右式动作相同，唯方向相反。甲乙可以交替循环练习第2、3步。

图3-3-3-67

图3-3-3-68

图3-3-3-69

**第十八式【三步丹田靠】**

1. 预备姿势。（图3-3-3-70）

2. 甲乙双方两臂经体侧平举，掌心向下，与肩同高。（图3-3-3-71）

3. 甲乙同时向后撤出三步，步幅不宜过大，至定势时呈左虚步（图3-3-3-72）。

4. 甲乙左脚着地，重心前移迈右脚，随之前迈左脚，再迈右脚，第三步随落步时，右脚位于对方左脚内侧，约在对方膝关节的投影线位置；同时，甲乙两掌相合，以短促的爆发力进行丹田撞靠（图3-3-3-73）。

5. 左式动作与右式动作相同，唯方向相反。甲乙可以交替循环练习第2～4步。

图3-3-3-70

图3-3-3-71

图3-3-3-72

图3-3-3-73

## 练习绵拳的基本要求

在武术表演中以踢、打、摔、拿、击、刺等攻防格斗动作组成的套路，它所表现的内外合一，形神兼备，舒展大方，节奏鲜明等特征。手、眼、身法、步、精神、气、力、功等八法，是武术运动所特有的技法。它涉及人体的上肢、头部、躯干、下肢、精神、呼吸、力量和技术等几个部分。无论是何种拳和器械，人们都非常重视八法的练习，以达到内练意气，外练神形，以意领气，以形显神的目的。传统武术运动把八法归纳为：拳如流星，眼似电，腰如蛇行，步赛粘，精神充沛，气宜沉，力要顺达，功宜纯八个部分，体现了中国文化之美。绵拳在练习时对手、眼、身、法、步乃至呼吸、动作节奏都有其特有的方法和内涵。

### 姿势要求

练习绵拳首先做的是端正形体，从外形上首先要姿势正确，动作规范，切忌歪歪扭扭。练习绵拳的姿势上要求头正颈直、沉肩挺胸、直腰敛臀、上肢舒展、下肢稳定匀称、重心始终保持居中，不能超出足尖，否则，重心前移，以被对方带动。

### 动作要求

练习武术，要求拳如流星，这是武术运动对上肢手法的要求，拳如流星即要求出手要轻快，迅速有力。打一拳，心一动，气随、神迷，使力量发于腰，传于肩，催于肘，达于手，迅速有力，打出寸劲。

练习绵拳同样如此。绵拳的劲道是靠以意领气，以气催力来实现这种运气化劲的。意、气、神与力的结合是绵拳运动独特的形神兼备的练功法。它通过外部形体动作把内在精神、劲力表达出来。这不仅是在拳臂挥舞时要如此，即使在掌、腕的细微的动作时也要这样。拳如流星的快捷手法，是指活动性动作，而不是指所有动作。绵拳动作的特点是有动有静，有快有慢，有招有势，它不会使整个拳路快而无章，动静结合更能衬托出静止动作的稳定性，表现出绵拳动作的气势和神韵。在运用扒、打、擒、拿抓等绵拳架子进行搏击时，动作的起止点、路线、力点都要清晰，架子中的攻防特点都要体现出来。正所谓支点就是爆破点，爆破点就是摧毁点，绵拳一旦得势威力就显现出来。

### 身法要求

自古有练拳容易，身法难的说法。身法要以腰为轴，结合各种手法和眼法而选择拧腰、俯仰、收放、折叠等表现方式，并与动作方法密切配合，恰到好处。身法不是孤立的上体运动，它与全身上下紧密结合，在动作的演练过程中要体现出腰如蛇行，即上肢松柔，下肢灵活，步法坚实，刚健舒展，有曲折有变化，使动作造型表现出千变万化，活灵活现，给人一种美的享受。身法离不开动作攻防特点，它是联系上下肢纽带，从技术上讲虚虚实实，真真假假，指上打下，声东击西的战术。在演练时讲究上下配合，身到步到，起伏转折，刚柔相济，节奏鲜明的特点，使动作体现出柔软灵活，坚韧有力又富有曲折变化且协调自如效果。

练习绵拳对身法也有独特的要求。要求把身体的各个部位的活动和吞、吐、闪、顶、冲、撞、挤、靠、滚、扭等攻防变化有机结合、内外协调，一势接一势，势势相连，形成一个整体。

**眼法要求**

俗话说拳似流星、眼似电。眼似电是对头部动作的要求，神聚于眼，眼为心之苗，这是武术运动区别于其他体育项目的一个显著特点，即它的动作具有技击含义，套路表演与攻防意识。要做到这一点，就要靠人的眼睛来表达。

在练习绵拳时眼法必须是明快，锐利，传神，这样才有利于在技击时识透对方的动向，用眼神慑服对方，做到先发制人。因此，在演练时，从动作的一开始，其神态应随动作造型的不同变化而变化，做到拳开神态动，变化在其中，起伏穿翻势，不可无眼功。通过眼睛传神把动作的意向和技击含义内在的节奏与韵律表现出来，使动作的一招一势恰到好处，做到意到、眼到、手到、身到、步到，达到传神达意的作用。如果只有外部动作的架势，而无内在的精神气质。就会出现动作干瘪，有表皮而无肉的感觉。所谓练其形必传其神，传其神必达其意，达其意必达其心，就是说明这个道理。因此，在练习绵拳时或表演时，必须注意形神兼备，内外统一体现出动作完整、优美，协调而富有生气的意境。

**精神要求**

《吕氏春秋・尽数》记载：圣人察阴阳之宜，辨万物之利，以便生，故精神安乎形，而年寿得长焉。元揭傒斯《哭王十良仲》诗：精神与时息，形质随日化。《史记・太史公自序》：道家使人精神专一，动合无形，赡足万物。精神是指人的意念、气质，也是精、气、神的表现。气散则神不能聚，无论是何种拳术或器械的练习，人们都非常重视精神状态表现。武术运动既讲究形体规范，又寻求精神的传意。

因此，在习练绵拳时，精、气、神显得尤为重要。它的动作是由人体四肢、躯干以及不同运动形式来完成的。这就构成了外在的形，并通过这个形表现出动作的内在精神实质。神是充满生气的意蕴，形则是内在意蕴所促进的外在表现。形为神之本，神为形之用，形是外相，神是主宰，神是对攻防技术、节奏、力量等全面的理解，并表现出的气势、神韵。所以，在练习或演练习时，首先，思想上要实战观念，做动作要充满信心，严肃认真，全神贯注。只有精神上的高度集中，通过敏捷的动作、锐利的目光、机敏的神态，手、眼、身法、步的配合，才能体现出精神饱满、斗志昂扬的传神色彩。其次，在演练时，既不能松散嬉笑，也不能咬牙切齿，要体现出含而不露，神志舒展，使动作的意向和技击含义通过精、气、神的具体表现与外部的动作紧密配合，完整一气，最终达到形与神俱的境界。

**劲力要求**

劲力是指完成技术动作所需要的力量，也是指动作的用劲、发劲。练习绵拳讲究有刚有柔，有明有暗，有轻有重。在绵拳的套路演练过程中要使动作表现出刚柔相济、发劲顺达而有爆发力，体现出刚而不僵，柔而不松的效果。不管是冲拳、推掌、踢腿、弹腿都必须采用先柔后刚的寸劲，使力量顺达于着力点。力要顺达必须从三节六合着手。三节表现于上肢：手是稍节，肘是中节，肩是根节；下肢：脚是稍节，膝是中节，胯是根节，如冲拳，发于腰、传于肩、催于肘、达于手；如弹腿，起于胯、顺于膝、达于脚。三节贯通，劲力顺达，干净利落。六合是指手、肘、肩、脚、膝、胯六个部位的协调配合，体现整体合一的劲力特点，它要求以意识支配动作发劲和呼吸配合发劲，做到内外合一，以达到以意取力，以气催力的效果。

**对气的要求**

气是指武术运动中呼吸。武术运动节奏明晰，呼吸方法正确与否直接影响技术水平的发挥。如长拳动作结构复杂，有伸展、回环、平衡、跳跃等，动作快，运动量大，对氧的需要量也较大，如果呼吸不得法，就容易气血上涌，呼吸短促，头晕呕吐，动作容易失去控制。所以，运动时要运用腹式呼吸，讲究气宜沉，气沉丹田，要求呼吸深沉，运气得法，与机体各器官密切配合，才能有助于运动持久平衡。

在练习绵拳过程中，不同的招式对呼吸的要求有各自的特别之处，它讲究提、托、聚、沉四个方法。跳跃时用提法，静止时用托法，刚劲动作时用聚法，由高到低动作时用沉法，自由换气，不憋气，意念导引动作与呼吸，使气沉丹田。

**对步法节奏的要求**

在练习武术时，节奏感十分重要，要求手法和步法作为一个有机的整体互相配合。在绵拳的架子练习中，快与慢、动与静、刚与柔、起与伏都要有机结合。对比要鲜明，该快则快、该慢就慢，该进则进、该收即收，时常吞一步由被动变为主动，由败势变为胜招，要掌握好运动节奏，架子必须舒展大方。

其次，在练习绵拳时步法是整体动作的根基，先看一步走，再看一伸手，步不稳则拳乱，步不快则拳慢。步法快慢灵活与否，直接影响到技术水平的发挥，如果根基不扎实，就会像一棵无根的树，遇风便倒，不要说格斗，就是抬腿也会感到力不从心，摇摇欲坠，不仅丧失了攻防有利时机，反而被对方击中，因此，任何神拳妙技如果没有步法配合，是难以奏效的。步法在绵拳中不仅要进退敏捷，起落有致，而且要服务于技击，表现出独特的武术韵味。如长拳运动中的动如涛，静如岳，起如猿，落如鹊等与步法密切相关，如果下盘迟滞，很难想象能表现出上述的特点。步法在运动中要轻灵稳健，还要像粘在地上一样，不掀起，不拔根，不受上肢躯干活动的影响。行家云足在全体之最下部，为全身之根源，足动则全身动，足停则全身停。步法在调动周身各部位，实施各种技击战术中起了重要的作用。

## 实用技法

学习绵拳的基础阶段时以练单架子为主，与其他拳种有所不同。其他拳种主要训练以套路为主，练套路容易记忆，但同时也容易被遗忘，而绵拳则主要练习单架子，一个架子每一次要几十次。练习时很枯燥，一旦熟练之后就不容易遗忘，在实战中变换自如，随意穿插，不受拳套节序的限制，见势解势，见势打势，防中有打，打中能防，得心应手。绵拳的训练方法主要分为两种，单人练或两人对练。练出来的劲，对出来的精，一个人的力量大小，也就是劲的大小，是靠自己练出来的。而一个人的搏击能力的大小是靠两人对练出来的。绵拳的架子在锻炼时动作可快、可慢、可轻、可重、可大、可小、可柔、可刚，对练场地要求不高，场地可大可小，场地大可走活步进行练习，场地小则可以站马步或用花步进行练习。绵拳适应各种人、各种目的、各种身体状况的人进行锻炼。

绵拳其主要招式有扒、打、亲、擒、拿、抓、挤、掤、挨、靠；其拳法上主要有冲、掼、挂；肘法主要有顶、撞、挤、靠等；腿法主要有蹬、铲、撩、踢等；掌法主要有砍、穿、拔、捋；手型主要有锥子拳、扣拳、虎拳、窃掌等；步型主要有弓步、马步、虚步、花步、吞步、雀步等。绵拳的腿法强调下盘要稳，不失根。人离地后就失根，下盘不稳就容易受到攻击，自己也很难发劲。腿法主要强调的是小架子，重心适中坐中，双脚一般不会同时离地。

在对方进攻时柔而化之，防后发招。绵拳的这种特点无论在动作上和劲力上都要求先吞后放。吞有收的意思，又称蓄力；放即使发，在吞之后接着进行放而发招，以静制动，以柔克刚。在搏击时，绵拳一般不会先出手，而是等对方出手，看清对方的来招后，经过准确判断才见势化势，不用直劲顶，而是用柔劲化解它。然后再用打势，亦先化后发。在搏击中要求快慢结合，慢中取快，由快到慢。在搏击中不允许身体迎接对方的攻击，因为侧身后可给对方攻击的面积大大缩小，同时也可以将身体要害部位保护起来。

# 绵拳的实战技巧

演示者：孙红喜 徐小龙

绵拳是一种实战性很强的传统拳种，这充分体现了武术技击性的本质。为了更能体现绵拳的实用性特点，本书特别挑选了具有代表性的绵拳技击实战技巧。

## 动作名称

1. 大劈与单拳击肋
2. 上步单拳与侧身挑肘
3. 平肘击胸与拐肘击背
4. 砸锤与切掌
5. 盖掌与前肩贴靠
6. 上撩掌与冲心锤
7. 平肘连环击打
8. 平掌击胸与砸拳击颈
9. 迎面穿掌与磕肘击胸

## 动作说明

两人对练，左边为甲，右边为乙。

预备姿势：甲乙并步，相对而立，目视对方。（图3–4–1）

图3–4–1

**1. 大劈与单拳击肋**

动作一：预备姿势。

动作二：乙身体重心前移，右脚上步，同时右掌右上向下劈砍甲头部，左臂曲肘内收，护于胸前，目视甲头部；甲看清乙来势，重心前移，右脚上步，同时右臂上举格挡乙右掌，化解乙劈砍之势，左手握拳径直攻击乙右肋部，目视击打处。（图3–4–2）

动作三：乙迅速重心后移，右脚向后撤步，身体右后转90°，与甲侧身相对，同时右掌翻掌下按，将甲两臂按于腹前，化解甲进攻之势。（图3–4–3）

动作四：甲顺乙下按之势，左脚蹬地，身体重心前移，两臂回收，同时右脚上步，右肩靠击乙身体，以短促爆发力将乙撞靠而出，将乙制服。（图3–4–4、图3–4–5、图3–4–6）

要点：甲架打时，左拳应以短促爆发力进行快速攻击，力量要顺达；乙闪化要迅速，步法要灵活，甲倚乙势进行撞靠，借力打力。

图3–4–2

图3–4–3

图3–4–4

图3–4–5

图3–4–6

**2. 上步单拳与侧身挑肘**

动作一：预备姿势。（图3–4–7）

动作二：甲右脚上步，身体左转，成马步，同时用右拳击打乙胸腹部，目视击打部位。（图3–4–8）

动作三：乙看清甲来势，右脚进步，身体左转，避开甲拳击打路线，使其落空，同时右臂内旋外格，将甲右臂挡开，左手按于甲拳手腕处。（图3–4–9）

动作四：乙左手抓住甲右手腕，使其无法抽回，同时右臂曲肘右顶，用短促的爆发力肘击甲面部，目视肘击部位。（图3–4–10）

动作五：甲看清乙势，身体重心迅速后移，右脚收回，同时右臂外旋，挣脱乙控制，并曲臂内收至右胸前，以右手扣住乙右肘，化解乙攻击。（图3–4–11）

动作六：接上式，甲身体右转，右手扣住乙右肘，顺乙进攻之势向右后方向因化，使乙重心前移。（图3–4–12）

动作七：待到乙攻势已尽，甲身体左转，重心前移，同时右臂曲肘左扫，击打乙胸腹部，将乙制服。（图3–4–13）

要点：乙肘击应运用短促爆发力，力点要准确；甲顺乙肘击之势进行闪化，不丢不顶，拐肘反击，快速有力。

图3–4–7

图3–4–8

图3-4-9

图3-4-10

图3-4-11

图3-4-12

图3-4-13

### 3. 平肘击胸与拐肘击背

动作一：预备姿势。（图3-4-15）

动作二：甲右脚进步，身体右转，同时右臂曲肘右摆，准备以肘击打乙胸腹部。（图3-4-16）

动作三：乙看清甲来势，右脚上步，落于甲两脚之间，身体左转，同时右臂曲肘护于胸前，以承接甲肘击，左臂肘关节微曲，握拳上举，高于头顶。目视甲右肩背处。（图3-4-17）

动作四：乙身体右转，将甲肘击之势向右引化，同时左臂曲肘，借助身体转腰切胯之力，由上向下，斜击甲右肩背处，将甲制服。（图3-4-18）

要点：乙借甲肘击之势，进行格挡化解，同时以短促爆发力肘击，力点准确。

图3-4-15

图3-4-16

图3-4-17

图3-4-18

**4. 砸锤与切掌**

动作一：准备姿势。（图3-4-19）

动作二：甲右脚进步，身体左转，同时以右拳攻击乙胸腹部，目视右拳击打点。（图3-4-20）

动作三：乙看清甲来势，右脚上步，成马步，身体左转，同时右手握拳曲臂向前砸锤格挡，将甲来拳引化落空，左手握于甲右拳手腕处。（图3-4-21）

动作四：乙右手由拳变掌，手臂迅速伸直，以右掌砍击甲颈部，将甲制服。（图3-4-22）

要点：乙砸锤发劲宜短促，快速有力，右手切掌，力量顺达，落点准确，一招制敌。

图3-4-19

图3-4-20

图3-4-21

图3-4-22

**5. 盖掌与前肩贴靠**

动作一：准备姿势。（图3–4–23）

动作二：甲右脚进步，同时以双掌右上向下盖掌，拍击乙胸部，目视击打部位。（图3–4–24、图3–4–25）

动作三：乙看清甲来势后，右脚向后撤步，身体右后转身90°，与甲侧身相对，让开甲拍击线路，同时以两手顺甲来势将甲双手下压，化解甲攻势，目视甲双手臂。（图3–4–26）

动作四：甲双掌拍击之势被乙化解后，左脚蹬地发力，重心前移，右脚向前进步，落于乙背后两脚之间，同时以短促的爆发力用右肩靠击乙身体，将乙制服。（图3–4–27、图3–4–28）

要点：甲应顺乙势，进行撞靠，要短促有力。

图3–4–23

图3–4–24

图3–4–25

图3–4–26

图3–4–27

图3–4–28

### 6. 上撩掌与冲心锤

动作一：准备姿势。（图3–4–29）

动作二：甲乙左脚向左侧上步，成左弓步，身体斜相对，同时右拳下冲护裆，拳心向内，左拳上举，拳心向外，目视对方。（图3–4–30）

动作三：甲乙右脚右斜前方上步，同时乙以右手掌由外弧形向内上摆斜击甲头面部，甲应势用右臂格挡，左臂曲肘护于胸前，目视对方。（图3–4–31）

动作四：甲右掌顺势将乙手臂下捋至腹腔，右掌按于乙手腕处，目视右手。（图3–4–32）

动作五：甲身体重心后移，同时右手抓握乙右手腕，左手内收辅助抓握，向后牵拉乙右手臂，使其身体重心前移，目视两手抓握处。（图3–4–33）

动作六：甲双脚蹬地，身体重心前移，同时右手由掌变拳，顺势前冲，直击乙胸部或头面部，将乙制服。（图3–4–34、图3–4–35）

要点：甲顺势向后牵拉乙，使得乙重心前移，同时甲进行蓄力，随后向前锤击，应该快速有力，具有爆发性。

图3–4–29

图3–4–30

图3–4–31

图3–4–32

图3–4–33

图3–4–34

图3–4–35

**7. 平肘连环击打**

动作一：准备姿势。（图3–4–36）

动作二：甲右脚进步，同时右拳直击乙胸部，目视击打部位。（图3–4–37）

动作三：乙看清甲来势，两腿微曲，右脚尖点地变右虚步，同时右手拿住甲来拳手腕，以化解甲攻势，左手托于甲右臂肘关节处。目视甲肩胸处。(图3–4–38）

动作四：乙重心前移，右脚进步，落于甲身前两脚之间，成马步，同时左手翻掌下按甲右臂，右臂曲肘向前平扫，以短促的爆发力肘击甲胸部。（图3–4–39）

动作五：接上式，乙身体右转，左腿蹬直，由马步变弓步，同时左肘向右快速平扫，击打甲右肩背处，将甲制服。（图3–4–40）

要点：乙左右扫肘，应注意转腰切胯，快速连贯，劲力充沛，具有爆发性。

图3–4–36

图3–4–37

图3–4–38

图3–4–39

图3–4–40

**8. 平掌击胸与砸拳击颈**

动作一：准备姿势。（图3-4-41）

动作二：甲右脚进步，同时以右平掌击打乙腹部，目视击打部位。（图3-4-42）

动作三：乙看清甲来势，右脚上步，身体左转90°，与甲侧身相对，避开甲的攻击路线，同时左前臂向外格挡，化解甲攻势，右手握拳由上向下劈砸甲头部，将甲制服。（图3-4-43）

要点：乙右拳下砸，快速有力，具有爆发性。

图3-4-41

图3-4-42

图3-4-43

**9. 迎面穿掌与磕肘击胸**

动作一：准备姿势。（图3-4-44）

动作二：甲右脚上步，同时右手向前穿刺，直指乙面部；乙看清甲来势后，左脚向左前方上步，身体微右转，避开甲攻击线路，同时左右两手分别扶在甲右臂腕关节和肘关节处上托，化解甲攻势。（图3-4-45）

动作三：甲重心后移，右脚回收一小步成丁字步，同时右臂抽回，曲肘上提，目视乙头面部。（图3-4-46）

动作四：甲重心前移，右脚上步，同时右肘由上向下磕击乙颈胸部，将乙制服。（图3-4-47）

要点：甲应顺乙势，由掌击变为肘磕击，磕击时应快速有力，具有爆发性。

图3-4-44

图3-4-45

图3-4-46

图3-4-47

# 百年传承<br>薪火永续

绵拳来沪开门立派已逾百年历史。

绵拳主动融入社会，有序传承，

传播途径由单一化逐步走向多元化，逐步实现国内外广泛传播。

绵拳在发展历程中留下过许多传奇故事。

# Impart and inherit of Mianquan

Mianquan has been established in Shanghai for more than one hundred years.

Mianquan actively integrates into the society and inherits in an orderly way.

It gradually realizes the wide spread not only at home, but also overseas.

Mianquan has left many legends on its way of developing.

# 绵拳的百年传承

## 开门立户 局域传承

作为中国传统武术体系中的优秀拳种之一，绵拳于清末民初传播至沪上，正式开门立户，实现早期局域的传承与发展。绵拳在我国传统文化氤氲之中发生、发展、演化乃至成熟，经历与武术发展相同的历史轨迹，彰显着相同的发展特点和时代特征。“师徒制”的宗族文化表征和“门户观念”下局部传播共同构成了绵拳早期传承与发展的时代景观。

在中国传统农耕社会中，以传授某种技艺为纽带而组成的师徒传承，几乎是所有文化艺术门类发展过程中的一个普遍现象，传统武术自然亦不例外。师徒制是传统武术传承的主要方式，这种传承方式一直延续至今。传统武术独特的传承方式与历代的政治文化背景有着密切的联系。战国时期“儒以文乱法，侠以武犯禁”中的“侠”是广义的，泛指江湖中“下九流”的人员，这些人职业不同，身份各异，但都精通武术，他们执武讲义气，然目无法纪，以武寻求法律外的公正。武术练习者成为统治者眼中破坏社会稳定、威胁他们统治地位的存在。历朝历代统治者将“禁武”政策作为强化统治的一种手段，如秦始皇“收天下之兵聚之咸阳”铸成十二铜人；元朝时期，统治者多次制定严禁民间私藏武器及习武禁令，收缴民间兵器，一旦发现民间私藏铁甲及弓箭等即处死，更禁止民间围猎、练武等活动；清朝末年，轰轰烈烈的义和团运动失败后，清政府镇压了许多练习武术的民众。历代朝廷都不支持民间习武，所以传统武术主要在民间秘密传承。

受儒家文化的影响，中国人十分重视传承，这和中国人重视血缘关系、注重家族、以家族为本位的思想有关。受家族文化影响，加之民间武术传承的隐秘性，就形成了模拟家族血缘关系的武术宗法制度形式——师徒制，也成为传统武术传承的主要方式。传统武术界常说的“师徒如父子”“一日为师，终身为父”就很好地体现了师徒制的内涵。师父和徒弟建立纵的统属关系，同门学艺者之间则模拟家族血缘制的兄弟平行关系，情同手足，彼此以师兄弟相称，以强化内部的组织关系。传统武术正是在这种严格的、特定的师承关系约束下，在民间广泛传播与发展。

中国武术是缘起于民间，并在民间形成和发展起来的文化形态，有着封闭性和保守性的特征。在特定的历史时期中，武术一直在狭小的圈子里互相传授，并形成一种传承形式而固定了下来。传统武术在传习的过程中，早期一直沿袭着师徒单一传承的传习方式，但是这种师徒传承又非完全的血缘传承，而是往往带有血缘化倾向的、“以模拟血缘关系”为机制的。早期中国武术中的师承关系，多是一种与“父”同构的师和与“儿”同构的徒，人们习惯上称呼“师父”“徒儿”。这种师徒间的血缘或模拟血缘的宗亲关系，是一种比其他的关系要有力得多也持久得多的人际联系纽带。如行意拳中有不准带艺投师一条老规矩。之所以不准带艺投师，一是怕别人教过，有别的居心，因为，师徒关系的感情很深，好似父子、君臣，以带艺投师为名，来为以前的师父报仇，也不是没有这种可能。这种宗族观念使得武术中的血缘传承在一种相对狭窄的范围内进行。但正是这种传承范围的狭窄，传承双方又是通过血缘或模拟血缘连结的师父与徒弟关系，就使传技者有可能尽心尽力，反复言传身教，务使徒弟真正掌握、弄懂、学会。同时，在师父的严厉管束下，习武者刻苦训练，不断体悟领会。在这样的一种沉重的氛围中为师者所传的、为徒者所学的已不再仅仅是一种纯技术性的技艺，仿佛是长辈向晚辈移交祖先留下的一份家业，每个人都为本门的声誉和利益以及文化传承担负着责任。因此，中国古代重血缘关系进而重技艺传承，导致在这种文化背景下武术中师徒之间对前人所留的技艺的传授，就有了一种沉重的责任感和使命感，这无疑对传承的可靠性和连续性有着良好的作用。

传统武术文化的封闭个性以及由此形成的“门户”，是传统武术传承的鲜明特点。门户，作为武术界的专有名词，是一个与拳种、流派相关的概念。门派是门户的基础，没有武术的门派也就没有武术具体的门户存在；另一方面，门户是门派存在的载体，门派的形成要在门户中诞生，门派的传播和发展要借助门户来实现。自立门户是武术拳种传承者以武立身、立于社会的标志，也是自成武术门派体系的重要体现。当拳种传习者通过刻苦练习进而参悟本门拳术真谛，超越师父具备了“差异化生产”之后，就会自立门户，实现本门拳种的新发展。然而，由于门户内的武术传承受到宗族文化的影响，这种口传身授的传习方式具有明显的局限性，表现为家族内部传播或者小范围的地域传播，这是早期武术传承的主要特点。

作为我国传统武术体系中的一个流派（门派），绵拳早期发展主要呈现门户观念下的局域传承，这在清末民初武术家吴志青所撰写的《太极正宗》中收录的《向恺然先生练太极拳之经验》中有较为详细的记载。据记载，孟光银初来上海传拳，受聘在李瑞九家做拳术教师，后李瑞九拜孟为师学习绵拳。据绵拳第三代传人孙红喜介绍，他的爷爷孙福海机缘巧合下结识孟光银并拜其为师，师从孟光银苦练绵拳长达八年之久，得其真传。之后，孙福海迁至上海兰桂坊传播绵拳，由于门规森严，加之孙福海习得绵拳确实来之不易，因此珍爱有加，对外鲜有传授，家族式的内部传承一直是绵拳传承的主要模式。据绵拳国家级非遗代表性项目传承人孙红喜讲述，“我爷爷教绵拳，有几个要求，一是不能在公园等公共场所里练；二是即便在家里练，也要把门关好、窗帘拉好，就连徒弟之间也互不交流”。据推测，绵拳的神秘性和保守性可能与祖师爷孟光银的镖师身份有关。“走镖时，武术是看家绝活，如果被许多人学了去，那就没有优势了。所以孙福海也是在孟师去世后才开始带徒弟的”。以孙长根（孙福海的儿子）为代表的第二代弟子们在原有传承和发展绵拳的基础上向前推进了一步，但由于当时所处“文革”的特定时期，绵拳曾被视为“黑拳”，许多人只能偷偷地练，不敢公开地收徒传授武艺，第二代传人在传播绵拳上也只能保守地进行发展。

由此可见，绵拳早期传承还深受门派制度和传统观念的影响，传播范围还比较狭窄，孟传弟子仅有李瑞九、孙福海、王家驹三人，而后真正身体力行传播绵拳的仅以孙福海为主，这在很大程度上限制了绵拳的传播。受当时历史环境限制，早期绵拳的传承与传播只能在“宗族体系”内进行，而后孙福海遵师父遗嘱，专教劳动人民，绵拳才开始渐渐开枝散叶。在新的历史时期，绵拳传承人秉着打开门户，服务社会，弘扬民族文化传统的宗旨，广泛传播绵拳，挣脱家族传承束缚，将绵拳的传承与发展推到了历史发展的高点。

## 融入社会 广泛传播

1920年，孙中山先生应上海精武体育会之邀，为其出版的会刊《精武本纪》作序，欣然写下“尚武精神”四个大字，并进一步把“尚武精神”归纳为“以振起从来体育之技击术，为务于保国强种有莫大之关系”。他把体育、技击、强国、富民结合在一起，提出“求自卫之道，重尚武精神”。

孙中山先生提出“尚武精神”，有其特殊的社会背景。近代史上多次的列强入侵，给中国人民带来了深重的苦难和屈辱。鸦片战争后，黄皮肤的中国人被贬称为“东亚病夫”。蔡锷曾这样描述：“体魄之弱，至中国而极矣。身体不具之妇女，居十之五。嗜鸦片者，居十之一二。龙钟惫甚而若废人者，居十之一。还有跛者、聋者、盲者、哑者、疾病零丁者，又居十之一二。所谓完全无缺之人，不过十

1

2

3

4

1-2
上海市兰桂坊绵拳武术俱乐部浙江办事处及成员

3
浙江武义武术协会绵拳分会成立（顾问何坚一、分会长朱文灏、绵拳代表性传承人孙红喜）

4
浙江武义武术协会绵拳分会成立

分之一而已。”另外，清朝末年“重文轻武”的思潮也达到登峰造极的地步，相当一部分中国人的形象是“曲背弯腰，男子妇女样”，由此可见，当时的国民身体素质已是无以复加的羸弱。

在内忧外患的紧急关头，很多仁人志士提出了用尚武来强国强种的主张。他们提出的“尚武精神”主要是通过继承和发扬传统武术，练功习武，增强体质，来达到强国强种、富国强兵的目的。当时的“尚武精神”是在“四万万人齐下泪，天涯何处是神州”背景下的呼喊，它集中代表了中华民族爱国、强身、保民、自强、抗争、向上的精神。

在这样的历史背景下，绵拳这个优秀传统武术拳种逐渐打破门户观念的藩篱，开始顺应时代和武术发展潮流，积极融入社会，开始了传播的范围和地域由小及大、传承关系由封闭保守趋向开放、传播途径由单一化逐步走向多元化、传播对象由社会下层人士走向大众的社会化历程，不断扩大社会影响和辐射面，实现了广泛传播。

在这样历史的潮流中绵拳传播范围得到了拓展。当年，孟光银来沪之后收李瑞九、孙福海、王家驹为徒，开始传播绵拳。孙福海是孟光银在上海收的最早的徒弟之一。20世纪50年代初，孙福海迁至上海兰桂坊，并在兰桂坊教授绵拳。孟光银逝世后，孙福海遵师遗嘱，专教劳动人民，以便作为他们防身自卫、强身健体之用。孙福海收徒较多，包括其子孙长根及其徒孙宝庆、杨连权、田其芳、陆凤池、顾祝卿、王松荣、朱葆生、卢德成、王志

1
钱兰根在阿根廷传承中华武术三十余年，桃李遍天下

2
钱兰根作为旅阿华人代表参加奥运会火炬传递活动

1

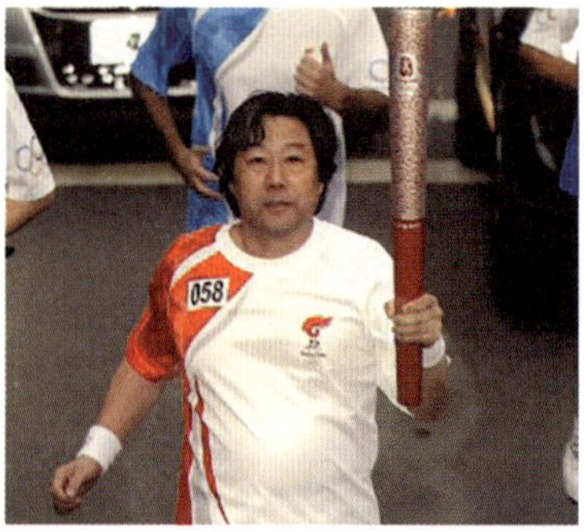

2

文、叶秀成、唐存贵、陈博群、马益州等人。这些人后来都成为上海绵拳积极的传播者，使绵拳在上海发扬光大。

数年来，经过绵拳弟子的共同努力，绵拳不仅在上海各区开设了传承基地和练习馆（点），而且绵拳传承基地（俱乐部）亦陆续在全国各地建立起来。目前已设立浙江省绵拳办事处、上海市宝山区临江公园分会、江苏江阴武术协会绵拳分会、浙江杭州绵拳传承基地、浙江武义绵拳传承基地等机构和训练基地，绵拳学员遍及全国。绵拳还走出国门，在国外成立绵拳传承基地。早在20世纪80年代，绵拳第三代传人钱兰根只身前往阿根廷，将绵拳这个优秀武术拳种带到阿根廷，开设武馆传播绵拳文化。2014年，在孙红喜及其法国弟子吾安的推动下，法国绵拳养生功法协会在法国巴涅尔德比戈尔正式成立。

绵拳传承关系开放化。在古代，武术的传承关系具有封闭性和保守性的特征，如前文所述，武术界普遍存在着“祖宗秘诀”“世代家传”“传子不传女”“事师如父”等说法和不成文的规定，这种“近亲繁殖”的传承关系使得武术的传播仅仅局限在一个狭小的范围之内，缺乏横向的交流和切磋，并造成各门派之间的相互保密和封锁，形成武林中所谓的“门户之见”。绵拳早期传承是关好门拉上窗帘教徒弟，传播范围比较狭窄，从孙福海开始这个状况得到了改善，尤其是改革开放后，人民生活水平有了显著提高，人们更渴望的是健康美好的生活，这给绵拳的广泛传播提供了良好的环境与氛围，绵拳这一古老的传统武术拳种开始摆脱门派束缚，融入社会。绵拳第三代传承人孙红喜在绵拳的社会传播方面作出了重要贡献。当年，孙长根经常会带着儿子孙红喜去淮剧团。孙长根与武生们练功时，孙红喜就在一旁观看。少年孙红喜身体单薄，虽然受家传武术的熏陶，但连练翻跟头都会感觉眼前发黑的他，即使在父亲的督促下练习武术，也没有把家传的绵拳真正放在心上。而父亲也不再强求，只传授给儿子一些绵拳的招式。1975年，孙红喜被安排去

奉贤农场劳动。临走前，父亲提醒孙红喜别忘记练习绵拳，告诫他习拳既可以强身健体，也可以让自己不被欺负。在农场劳动的三四百人里，会各类拳术的人倒也不在少数。起初，旁人并不看好瘦弱的孙红喜能习得绵拳真髓。不过，孙红喜很快证明了自己的实力。

2007年，孙红喜召集师兄弟们一起参加国际武术邀请赛。那时绵拳俱乐部还没有成立，孙红喜以别的拳馆的名义参加比赛。一场比赛下来，师兄弟们大都获得了名次奖项，这大大增加了人们练习绵拳的信心和踊跃。

绵拳传播对象大众化。开启绵拳传承社会化之路的是孙福海。孙福海是孟光银在上海收的最早的徒弟之一，他随孟光银学习绵拳达八年之久，得其真传，成为绵拳的积极传播者。绵拳传播初期，其对象主要是社会底层劳动人民，后来随着社会发展其传播对象逐步向大众化方向转化，同时，武术的传播还获得了许多具有积极意义的传播渠道，从而形成了武术传播渠道多元化特征。这些传播渠道主要有武术馆的建立、武术书刊的出版、武术进入教育范畴、走进赛场等。目前绵拳练习者绝大多数为社会普通大众，尤其是青少年也进入练习、传播绵拳的队伍当中。

在新的历史条件下，绵拳发展也响应时代号召，不断扩展传播途径。孙红喜作为第三代掌门人，认识到“不仅要让绵拳摘下神秘的面纱，更要让绵拳为社会服务，为全民健身服务”。2008年，孙红喜在祖父孙福海当年开拳馆的地方成立“上海兰桂坊绵拳武术俱乐部”，开始分文不取亲自带徒传授绵拳。为了更好地宣传、传播绵拳，孙红喜自筹经费制作了一系列的宣传资料画册，拍摄大量绵拳视频上传优酷、腾讯、土豆等知名视频网站进行传播。还制作了自己的网站，专门用于绵拳宣传。绵拳开始突破传统地域的观念，走

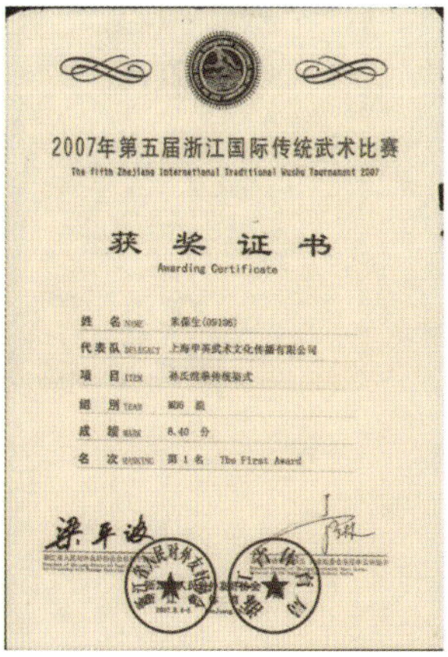
2007年第五届浙江国际传统武术比赛
The fifth Zhejiang International Traditional Wushu Tournament 2007
获 奖 证 书
Awarding Certificate
姓 名 NAME
代表队 DELEGACY
项 目 ITEM
组 别 TEAM
成 绩 MARK 8.40 分
名 次 RANKING 第 1 名 The First Award

1

奖状
孙红喜
荣获“川沙杯”第九届上海国际武术博览会男子非竞赛传统三套拳项目
特别优秀表演奖
二〇〇八年五月

2

1
朱葆生孙氏绵拳传统架式第一名

2
孙红喜特别优秀表演奖

1

陆宗元、郭振华孙氏绵拳对练第一名

2

胡坚峰孙氏绵拳套路之一第一名

3

李刚、张峰孙氏绵拳盘打第一名

4

李刚孙氏绵拳连环肘第一名

5

郭振华孙氏绵拳连环肘第一名

6

孙红喜最佳教练员称号

7

孙红喜徒手对练第一名

8

张景期徒手对练第一名

9

金纪根集体拳术一等奖

2009年第六届浙江国际传统武术比赛
获奖证书

1

2009年第六届浙江国际传统武术比赛
获奖证书

2

2009年第六届浙江国际传统武术比赛
获奖证书

3

2009年第六届浙江国际传统武术比赛
获奖证书

4

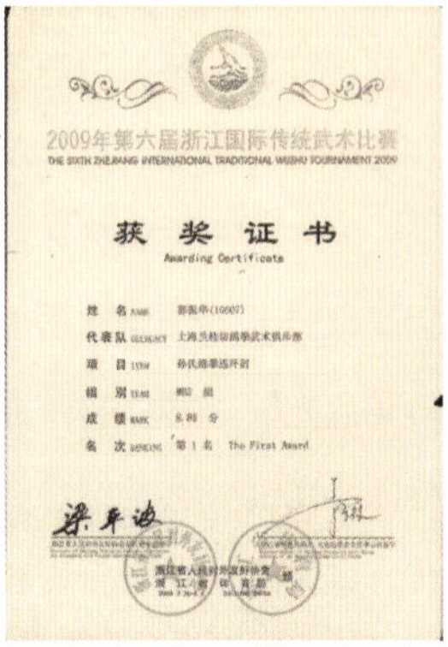
2009年第六届浙江国际传统武术比赛
获奖证书

5

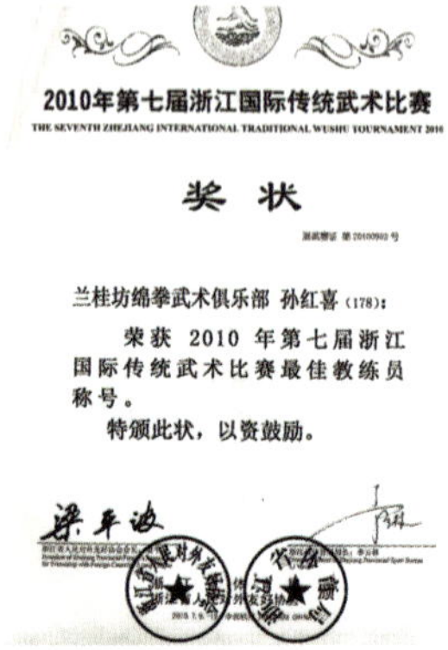
2010年第七届浙江国际传统武术比赛
奖状
兰桂坊绵拳武术俱乐部 孙红喜（178）：
荣获 2010 年第七届浙江国际传统武术比赛最佳教练员称号。
特颁此状，以资鼓励。

6

香港國際武術節
成績證書
CERTIFICATE
茲證明 孙红喜

7

香港國際武術節
成績證書
CERTIFICATE
茲證明 张景期

8

香港國際武術節
成績證書
CERTIFICATE
茲證明 金纪根

9

1

2

3

4

5

6

1
朱春明集体拳术一等奖

2
张峰徒手对练第一名

3
李忠民男子绵拳第一名

4
万纪庚集体拳术一等奖

5
香港感恩杯组织推广贡献奖

6
孙红喜（中）及徒弟在感恩杯比赛现场合影留念

向国内国际比赛竞技场。2008年，在上海“川沙杯”国际武术博览会上，孙红喜获得了绵拳项目的金牌，为所有的弟子做了表率。

孙红喜所率领的队伍从第四届浙江国际传统武术比赛就开始参加。2009年在第六届浙江国际传统武术比赛上，上海兰桂坊绵拳俱乐部在所参加的绵拳比赛中获得了全部金牌。

2011年，孙红喜带队的上海兰桂坊绵拳俱乐部到香港参加了“感恩杯第10届香港国际武术节”的武术比赛，获得数枚金牌和金牌教练的殊荣，可以说绵拳已基本走向了国际竞技舞台。

在正式成为上海市市级非遗项目时，绵拳受到了政府和媒体的支持与关注，其社会传播范围逐渐扩大。2010年7月，《体坛报》报道了绵拳，分别以题为《有德之人，分文不取；无德之人，千金不教，成为“神拳”传人其实并不难——金牌教练孙红喜：让绵拳不再神秘》和《从底层大众到校园学子“非遗”绵拳的传承之路》详细介绍了绵拳的发展和传承的道路，让更多人了解到绵拳。2011年7月，《上海日报（海外版）》报道绵拳，开启了绵拳海外传播的大门。2012年6月，

1
《体坛报》

2
《体坛报》

3
《上海日报（海外版）》

4
《杨浦时报》

5
《东方早报》

体育角·群体
从底层大众到校园学子
“非遗”绵拳的传承之路
平湖全力迎接体育强市复评

1

专版·武林大会
有德之人，分文不取；无德之人，千金不教
成为“神拳”传人其实并不难
金牌教练孙红喜：让绵拳不再神秘
“20岁”的武坛老顽童

2

YANGPU SPECIAL
Saving ‘cotton fist’ boxing
Shanghai mian quan, known as cotton fist or continuous boxing, has been listed as one of the city's intangible cultural heritages. Fei Lai talks to the city's master of this form of martial art.

3

杨浦时报·周末
绵拳：刚柔并济 内外兼修

4

“非遗”上海绵拳进杨浦两所学校

5

《东方早报》和《杨浦时报》分别报道了绵拳的历史渊源和传承基地，进一步扩展了绵拳的传播领域。

在绵拳的众多传播途径上，校园推广是重中之重。从某种程度上说，中国武术文化的传承抓住了学校教育也就抓住了武术传承的现在与未来。校园推广，对武术这门“国粹”来说是一种事半功倍的保护手段，既能为校园活动提供一种新的锻炼模式，又能以一种相对省时省力的方式实现武术作为一种非物质文化遗产在较大范围内的保护和传承，也能有效维持保护工作的持久性，对于短期和长期保护目标的实现均具有促进作用。绵拳传承人抓住时机于2011年2月22日，由江浦社区文化中心、兰桂坊绵拳俱乐部在昆明学校签订三方协议，明确自即日起，三方支持“绵拳”技艺在民间的推广，由兰桂坊绵拳武术俱乐部委派教师到昆明学校，为学校开设绵拳的拓展课，为教师开设绵拳辅导活动，由此建立了以昆明学校为代表的上海绵拳传承基地。绵拳校园传承基地如今分布在杨浦区昆明学校、齐齐哈尔路第一小学（分校）。绵拳掌门人每周安排时间分

1

2

3

4

5

别前往两个学校教授学生学习绵拳，普及绵拳知识。2012年11月20日下午，在杨浦高级中学实验楼四楼多功能厅，“杨浦高级中学文化节——绵拳专场”展示获得了圆满成功。本次文化节绵拳专场演出是兰桂坊绵拳俱乐部、绵拳第三代掌门人、上海市级非遗项目传承人孙红喜及其12位同门，精心为杨浦高级中学学生准备的一道文化大餐，受到了学生们的热烈欢迎和一致好评。校园传承基地基本上是利用体育课的时间进行教学，学习绵拳不仅对身心健康发展有利，还促进了学生德、智、体的发展。校园传播为绵拳注入了活力，成为校园中一道亮丽的风景。

2014年，上海兰桂坊绵拳俱乐部积极筹备参加上海体育学院“交流武术技艺保护文化遗产——2014中国武术博物馆传统武术展演活动”，展示绵拳推手技法。2015年，孙红喜参加中国浙江武义温泉节·第二届“武动泉城”传统武术养生大会名家名拳展示，获金奖；2016年9月参加由中国体育科学学会武术民族传统体育分会主办，上海体育学院武术学院、中国武术博物馆、蔡龙云大师工作室承办的民族传统体育非物质文化遗产项目展演及研讨会，获国家级武术非物质文化遗产项目展

1
绵拳第三代掌门孙红喜为小学生纠正动作（昆明小学）

2
孙红喜等人在教授绵拳

3
昆明小学学生认真学习绵拳

4
绵拳进杨浦高级中学

5
绵拳传承人表演绵拳技法

## 蔡龙云大师工作室

蔡龙云是我国著名武术技击家、理论家、教育家，上海体育学院教授，中国武术九段，国际级裁判员。他以深厚的功力、精湛的技艺、宽阔的胸怀、高尚的人格，在中国武术界广受尊崇。2008年上海市教委设立“蔡龙云大师工作室”，作为高等教育内涵发展的创新平台，“工作室”旨在充分发挥国内外公认的文化坐标人物的引领作用。通过对大师深厚学术造诣的挖掘、整理、继承和发扬，加快高校学科专业建设，推动高校人才培养、知识创新和社会服务工作。

## 中国武术博物馆

中国武术博物馆于2007年11月10日在上海体育学院落成。该馆坐落在上海体育学院新综合馆内，总面积2500平方米，是世界上第一家全方位展示武术历史与文化的博物馆。中国武术博物馆的建成对于弘扬传统文化、培育民族精神具有重要的战略意义。

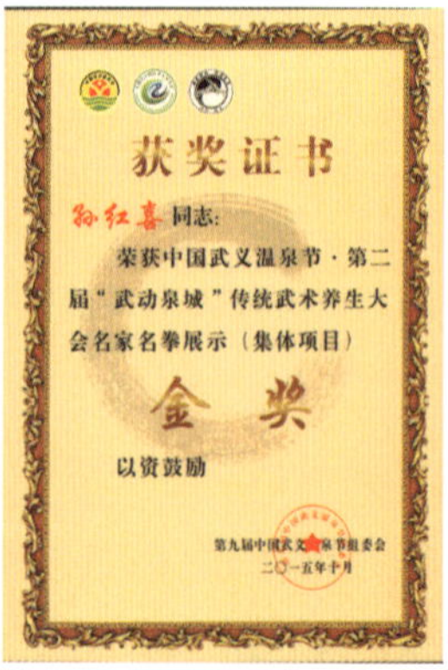

1
2014年中国武术博物馆传统武术展演活动

2
金奖

3
绵拳获得优秀表演奖

4
武术非遗项目优秀传承

5
孙红喜在民族传统体育国家级非物质文化遗产项目展演及研讨会

6
孙红喜和其他国家级非遗拳种传人

演优秀表演奖；2016年参加中国普陀国际武术节，获得武术非遗项目优秀传承奖。

2017年7月7日至9日，由国家级非物质文化代表性项目绵拳的传承人孙红喜任领队，上海兰桂坊绵拳武术俱乐部组织教练、运动员等一行47人，参加了在浙江金华举办的“健艺体育杯”中国金华国际武术节国际传统武术交流大赛，分别参加绵拳单练、绵拳对练、三人练及绵拳集体等项目，获得如下奖项：

在绵拳单练项目中斩获13金，在绵拳对练及三人练项目中获得5金，在绵拳集体项目获得金杯1座，在其他项目获银牌18枚。赛后，孙红喜荣获了组委会颁发的“中国武术名家表演奖”和“发展武术突出贡献奖”。上海兰桂坊俱乐部获得了“传承武术优秀贡献奖”和“最佳运动队”荣誉称号。代表队部分领队、教练员、运动员也分别获得了“最佳领队”“最佳教练员”和“体育道德风尚奖”等荣誉称号。上海绵拳弟子张峰和李刚在单练、对练及集体项目中发挥出色，共斩获3金2银，获得了“最佳运动员”荣誉称号。

此次比赛共荣获18金18银2铜的佳绩，为弘扬绵拳这一上海本土优秀拳种作出了积极的贡献。

1

2

3

4

5

1 传承武术优秀贡献奖

2 中国武术名家表演奖

3 金华国际武术节中获最佳运动队

4 参加武术赛事所获奖杯

5 金华国际武术节获金牌

1
上海武术院高级教练冯坚江（左），浦东武术会副主席兼绵拳顾问陈国庆（中），浦东武术会秘书长袁福根（右）

2
孙红喜在中国金华国际武术节上

3
孙红喜签署合作协议

4
孙红喜和获奖的徒弟

5
武术进基层发展贡献奖

1

2

3

4

5

多年以来，孙红喜一心扑在拳馆上，出钱又出力。常有外地人慕名前来登门拜访，孙红喜总是热情接待，招待吃住，近年来各项花费已有10多万元。开始的时候，家人不理解他，给他带来了不小的压力。但是，孙红喜总是说："我有责任！绵拳是从兰桂坊出去的，我一定要坚持把它传下去。"

## 政府主导 非遗立项

传统武术是我国珍贵的历史文化遗产，有学者曾提出"没有丝毫的夸大和夸张，传统武术是我们民族最大宗也最珍贵的濒危非物质文化遗产"。"非物质文化遗产"一经提出就在世界范围内引起了关注，世界各国便纷纷展开非物质文化遗产保护工作。随着我国非物质文化遗产保护工作的推进，武术列入国家级非物质文化遗产代表性项目，为武术的现代化发展提供了新的机遇。

新中国成立以后，党和国家领导人非常重视武术遗产的挖掘整理。20世纪80年代，国家体委牵头开展了我国武术发展史上空前的“普查武术家底、抢救武术文化遗产”工作。经过三年努力，此次全国武术挖掘整理工作取得了重大的成果。初步查明流传各地的“源流有序、拳理明晰、风格独特、自成体系”的拳种129个；各省、直辖市、自治区编写的各拳种理论、技术和传播及发展历史的典籍《拳械录》和《武术史志》等651万多字；录制70岁以上老拳师拳艺的视频达394.5小时。为收集保存武术文物，开展“献拳经拳诺、献兵械实物、献功法技艺”的“三献”活动，共收集了有关文献资料482册，古兵器392件，实物29件，丰富了武术文物资料库，为中华武术的挖掘、整理、继承、提高、发展奠定了物质基础。

非物质文化遗产的提出为武术遗产保护提供了新的契机。随着我国第一批国家级非物质文化遗产代表性项目申报工作的启动，全国目前已经形成了国家级、省级、市级、县级四级代表性项目保护体系。根据我国现已完成的第一次全国非物质文化遗产资源普查显示，共收集珍贵实物和资料29万件，普查文字记录达20亿字，拍摄图片477万张，普查资源总量近87万项。随着我国非物质文化遗产工作的不断开展，国务院于2006年、2008年与2011年分别公布了第一批（518项）、第二批（510项）、第三批（191项）、第四批（306项）国家级非物质文化遗产代表性项目，三批次共计1515项国家级代表性项目。传统武术作为我国非物质文化遗产代表性项目的重要组成部分，在已公布的三批次国家级代表性项目中，第一批次共有少林功夫等6项传统武术项目入选，第二批次共有峨眉武术等14项项目入选，第三批次入选项目共9项，第四批入选9项，四批次共有38个项目入选，绵拳入选第四批国家级非物质文化遗产代表性项目。

非物质文化遗产代表性项目传承人掌握并承载着非物质文化遗产的知识和技艺，既是非物质文化遗产活的宝库，又是非物质文化遗产代代相传的代表性人物。随着我国非物质文化遗产工作的不断推进，文化部于2007年、2008年、2009年、2012年分别公布了第一批（226名）、第二批（551名）、第三批（711名）与第四批（498名）非物质文化遗产代表性传承人，共计1986名。在四批次国家级非物质文化遗产代表性传承人中，第一批传承人中传统武术传承人共10名，第二批公布的几大类别中无传统体育、游艺与杂技（杂技与竞技）类别传承人，第三批次中共有13人次入选，第四批次共8人次入选，四批次传统武术代表性传承人有31名。

传承基地作为非物质文化遗产传承工

作的重要载体，其建设一直得到了相关部门的足够重视，各地都兴建了非物质文化遗产博物馆与传习所。在国家级传承基地公布之后，各省市也相继进行了传承基地的评选与推广工作。以河南为例，在传承单位的选择上，既包括大、中、小学，同时还包括公司等传承类型，丰富了非物质文化遗产传承工作的多样化。

当前和今后一个时期是我国经济社会发展的关键时期，根据这个时期我国社会发展中存在的突出问题，以改革开放为动力，通过加强和完善政府公共服务职能，提供更多、更丰富的社会公共服务，满足广大人民群众快速增长的社会公共服务需求，实现“中国梦”。作为公共文化的传统武术丰富多彩，内容博大精深，涉及养生、健身、竞技、搏击、休闲、娱乐等方面，对于人民健康与文娱、传统文化传承与国际文化交流乃至国家的文化振兴具有重大的价值，因而需要政府作为公共服务来加以保护。从公共管理的角度来看，现代社会的组织系统主要划分为三大块：政府组织、市场组织、民间组织。就我国当前来讲，政府的社会资源动员能力、掌握的资源数量等都是其他组织所无法匹敌的，因而任何一项公益事业的开展，政府的主导都是至关重要的。作为非物质文化遗产的传统武术项目的保护也是一样的。在实践中，有关政策法规也有明确的界定。国务院办公厅《关于加强我国非物质文化遗产保护工作的意见》就提出按照“政府主导、社会参与，明确职责、形成合力；长远规划、分步实施、点面结合、讲求突破”的原则开展工作。

绵拳已历经百年发展历程，已成为上海地区极少数珍贵的传统武术项目之一，更是中华武术中的一块瑰宝。绵拳多年来一直在劳动人民中流传，从一个侧面反映了上海百年的社会变迁，成为杨浦区乃至上海都市文化的组成部分之一，具有较高的文化价值。自国家体委1979年发出挖掘整理传统武术的通知以后，起源于上海兰桂坊的绵拳已被上海列入挖掘整理的重点项目之一。在轰轰烈烈的武术“挖整”期间，上海武术院对上海地区流行的绵拳进行了较为系统全面的整理和总结，从上海绵拳的源流、内容、特点等方面进行了较为详细的论述，并将所得成果录入由上海武术院编写的《上海武术挖掘整理专集》一书中，这对绵拳的传承和保护起到了重大作用。但是由于上海绵拳的先辈们曾订有种种戒律，不得轻易外传，加之上海绵拳实战性较强，故流传不像其他拳种那么广泛，目前研究和练习的人并不多。

近几年来，绵拳在上海的传承与发展又迎来了新机遇。在政府的关心和支持下，在上海兰桂坊绵拳武术俱乐部的努力下，绵拳于2009年和2011年分别被杨浦区、上海市命名为“杨浦区非物质文化遗产保护项目”“上海市非物质文化遗产保护项目”，传承人均是兰桂坊绵拳武术俱乐部第三代掌门人孙红喜。2014年，绵拳

1

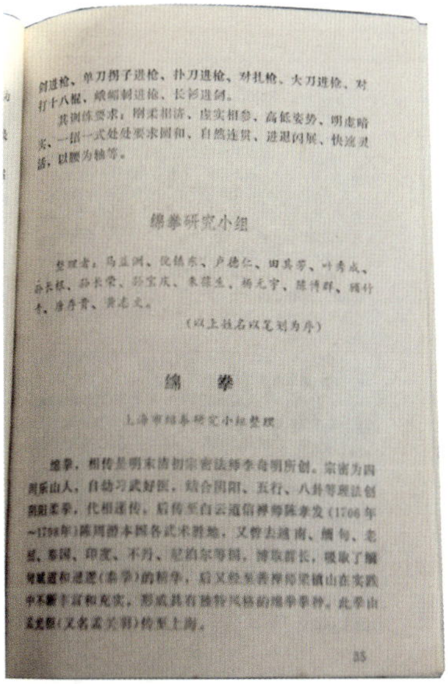

剑进枪、单刀拐子进枪、扑刀进枪、对扎枪、大刀进枪、对打十八棍、峨嵋刺进枪、长衫进剑。

其训练要求：刚柔相济、虚实相参、高低姿势、明虚暗实、一招一式处处要求圆和、自然连贯、进退闪展、快速灵活，以腰为轴等。

绵拳研究小组

整理者：马益洲、倪镇东、卢德仁、田其芳、叶秀成、孙长根、孙长荣、孙宝庆、朱葆生、杨元宇、陆传群、顾竹青、唐存贵、黄志文。

（以上姓名以笔划为序）

绵　拳

上海市绵拳研究小组整理

绵拳，相传是明末清初宗密法师李奇明所创。宗密为四川乐山人，自幼习武好医，结合阴阳、五行、八卦等理法创阴阳柔拳，代相递传，后传至白云道信禅师陈孝发（1706年～1798年）游历本国各武术胜地，又曾去越南、缅甸、老挝、泰国、印度、不丹、尼泊尔等国，博取群长，吸取了瑜伽道和道匿（柔学）的精华，后又经至善禅师觉镇山在实践中不断丰富和充实，形成具有独特风格的绵拳拳种。此拳由孟光辉（又名孟无羁）传至上海。

35

2

3

1

1985年上海市武术挖掘整理专辑绵拳研究小组成员

从左至右：后排：谢雨生、杨元宇、黄志文、朱葆生，中间：田其芳、叶秀成、马益洲、唐存贵、孙长荣，后排：顾竹青、孙长根、孙宝庆、倪镇东

2–3

武术挖掘整理专辑——绵拳

被列入国家级非物质文化遗产代表性项目，这无疑为绵拳的进一步传承、传播和发展提供了巨大的推动力。

但是，成为“市级非物质文化遗产”并不是孙红喜的最终目的，把绵拳发扬光大一直是他心里不可磨灭的梦想。为了让

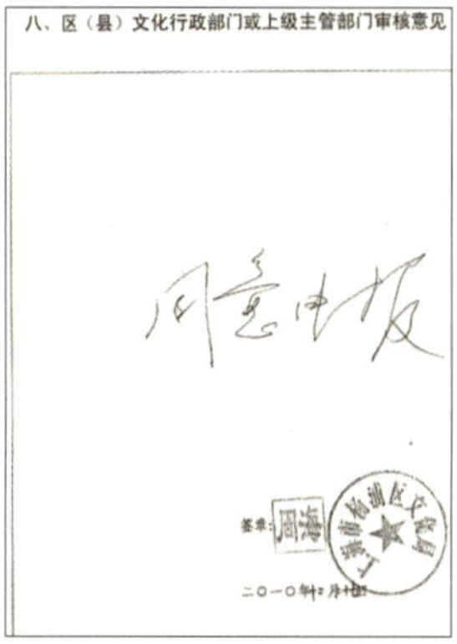
八、区（县）文化行政部门或上级主管部门审核意见

同意申报

签章：

1

上海绵拳成功申报区级非物质文化遗产

2

绵拳同仁同庆上海绵拳成功申报上海市级非物质文化遗产

3

孙红喜与上海体育学院武术学院博士生导师、上海市武术协会副主席虞定海（中），上海武术院少体校校长冯坚江（右）合影

4

杨浦区体育局副局长徐丽云（左二）、杨浦区文化馆副馆长张亚非（左一）、绵拳传承人孙红喜、徐小龙（左三、四）

5

绵气功传承人方国平与绵拳传承人孙红喜

6

绵拳加入第四批国家级非物质文化遗产名录

先辈用智慧创造的拳术被更多的人所了解，2013年，在上海市领导以及上海体育学院中国武术博物馆的大力支持和帮助下，孙红喜带领绵拳传人走上了申请“国家级非物质文化遗产”的路。经过辛苦的努力和层层筛选，绵拳以其“流传有序、拳理明晰、自成体系、风格独特”魅力和价值，在2014年成功进入了第四批国家级非物质文化遗产代表性项目，这又一次为绵拳注入新的生命力，对绵拳的传承、传播、发展来说无疑是一次重大推力。

我们有理由相信，在政府相关部门的支持和关心下，在绵拳非遗传承人的努力下，绵拳这一优秀的传统武术拳种，必将焕发出新的光彩，进而为我国非遗事业的开展和传统文化的弘扬作出重要的贡献。

## 全面动员 立体保护

非物质文化遗产对于人类的发展来说具有重要的历史价值和意义，它是民族识别的一种标志，更是民族发展的文化源泉。中华民族的历史发展几千年传承而不断，中华大地上蕴藏着极为丰富的非物质文化遗产，是世界上非物质文化遗产最丰富的国家之一。非物质文化遗产的存在对中华民族的价值不言而喻。2003年，联合国教科文组织通过《保护非物质文化遗产公约》后，国内学者对非物质文化遗产关注程度大为提高，尤其是在2004年8月，第十届全国人民代表大会常务委员会第十一次会议批准了《保护非物质文化遗产公约》，中国政府正式加入了联合国教科文组织《保护非物质文化遗产公约》，国内掀起了非物质文化遗产保护和研究的热潮。武术作为我国非物质文化遗产的重要组成内容，自2006年开始就有诸多武术拳种流派被列入国家级或省市级的非物质文化遗产代表性项目，可见国家对武术文化保护的重视。作为国家级非物质文化遗产代表性项目的绵拳的保护应该通过进一步强化政府主导、加强社会保护意识、引导传承人自觉意识，在加强挖掘整理等方面多管齐下，打造立体保护体系，为新时代绵拳的传承和发扬保驾护航。

## 充分发挥政府主导作用

作为非物质文化遗产代表性项目的绵拳，其保护、传承与发展离不开政府的支持。非物质文化遗产保护首先是一种国家行为，政府在非遗保护工作中的地位至关重要。非物质文化保护是一项十分浩大又极其复杂长期的文化传承工程，需要集中大量的人力、物力，花费相当长的时间，不是任何个人和民间团体所能承担、所能胜任的，只能由政府主导，并提供足够的财力支持才能驾驭这项宏大的系统工程。

对绵拳的保护主要包括以下几个方面工作：一是挖掘整理。在前期保护措施的基础上，尽快设立绵拳挖整与传承工作的专门组织机构，组建专家队伍，制定科学性、操作性强的实施方案，以政府主导、社会参与的模式，大力做好对传统武术的保护工作，特别是对绵拳的文化内涵与精神实质进行梳理和挖掘。二是宣传引导。在目前广大群众对非物质文化遗产保护意识相对薄弱的情况下，政府部门要尽可能利用自身掌控的各种资源，唤起群众对传统武术的保护意识，使其实现从“自发”传承向“自觉”保护的转变。三是制度扶持。2004年8月，第十届全国人大常委会第十一次会议表决通过了关于批准加入联合国教科文组织《保护非物质文化遗产公约》的决定，标志着我国为保护非物质文化遗产提供了法律保障。2005年6月，时任国务委员陈至立在全国非物质文化遗产保护工作会议上指出：“加强非物质文化遗产保护立法工作，为开展保护工作提供法律和政策保障。”可以说，在人们的文化保护意识还没有完全确立起来以前，立法显得格外重要。所以，传统武术的保护一定要走法制化的道路。总体而言，我国非物质文化遗产保护工作正处于起步阶段。我国非物质文化遗产的保护、民族民间传统知识产权的保护等相关法律法规都在拟议之中，特别是体育类非物质文化遗产的保护立法还不完善。因此，政府文化遗产保护部门尤其是基层保护单位，应该在相关制度建设上下功夫，为传统武术的传承与保护制定保护机制。四是财政支持。鉴于目前作为非物质文化遗产的传统武术保护工作起步不久、民间资源参与保护还非常有限甚至缺乏的现状，有关部门在财力上予以大力支持，以使传统武术保护和传承尽快走上规范化、科学化发展轨道。一段时间以来，由于缺少足够的经济扶持，一些重要的非物质文化遗产不能及时地抢救和很好地保护而处于濒危境地。因此，加大财政投入，尤显重要。近几年，绵拳的推广发展取得长足的进步，社会影响不断扩大，这都得益于政府的扶持和关注。

## 加强社会非遗保护意识

保护非物质文化遗产的有关问题，并非是出版了多少本书或拍了多少部纪录片、开了多少次研讨会所能够解决的；它也不是仅靠申报国家级非遗代表性项目，靠政府投资、拨款或开发旅游业所能够解决的。当然，以上这些都很重要，但更重要的还是如何让基层社区、地域社会或族群的居民们认识到那些非物质文化对于他们自身和对于国家文化建设的价值和意义。我们所说的非物质文化遗产，通常首先表现为地域性，是特定地域社会里的文

1

2

1 举办绵拳进校园专题研讨会

2 杨浦区街道党工委、办事处研讨绵拳进校园

化。固然它其中可能蕴含着超越地域的普遍性价值，但归根到底它是地域的，是一种源于本乡本土的文化，若是脱离了地域的基层社区，就会营养不良或枯萎。中国民俗学会荣誉会长刘魁立在一次关于非物质文化遗产保护的国际研讨会上指出：从根本意义上说，无形文化遗产的保护，首先应该是对创造、享有和传承者的保护，同时也特别依赖创造、享有和传承这一遗产的群体对这一遗产的切实有效的保护。这是很有道理的。

费孝通先生曾说过：文化是脆弱的，一旦脱离其生存的文化圈就会走向灭亡。所以，为使民间原生态非物质文化遗产存活下来，我们就应该重视与其休戚相关的文化生态环境的保护，也就是要保护非物质文化遗产生存的“文化空间”。所谓“文化空间”是指定期举行传统文化活动或集中展现传统文化表现形式的场所，其兼具空间性和时间性。虽然在时空背景中，要把活态的民间非物质文化遗产保持在原始的自然状态下使之不发生变化是不可能的，但是，在一个局部的特殊环境中，采取相应措施，使原生态的民间非物质文化遗产存活较长时间，并扩散其影响，是完全有可能的。如可以针对某些拳种的发源地实施建设“文化生态保护村”工程，像八极拳的发源地河北孟村、陈氏太极拳发源地河南陈家沟、梅花拳发源地河北后马庄等，将这些村落建设成为传统武术文化生态村，既能对传统武术拳种的保护设立最安全的屏障，又能将武术文化遗产本真状态保存在其所属的环境之中，使之成为“活文化”。任何遗产都是特定化环境的产物，传统武术产生于农耕文明，鲜活地存在于民间，离开了民间的文化土壤，传统武术就成为了空中楼阁，所以，保护传统武术赖以生存的文化土壤更显得尤其重要。因此，绵拳作为上海海派文化的重要组成部分，主动将自己融入海纳百川的文化气质中，寻求文化认同，引起社会大众的共鸣，共同维护好生存空间，这对于绵拳的保护与发展至关重要。

## 加强传承人的自觉意识

文化人类学认为，传承人是“活态性”的，也是传承非遗的主要支架。因此，保护武术非物质文化遗产就要加强对传承人的保护度，避免出现“人亡则艺止”的状况，给传承人提供经济支持，使其有时间和空间去从事传统武术的传承、保护和发展，并给予精神上的支持、鼓励。2007年开始进行的国家级非物质文化遗产项目代表性传承人的申报和评审工作，对传统武术的传承、保护来说无异于锦上添花，这些都说明国家对非物质文化遗产的支持和重视。

传承和保护非物质文化遗产是每一个传承人不可推卸的责任。每一个传承人都必须选择和培养下一代传承人。为了传统武术今后的发展，传承人在选择继承人方面不应仅仅局限于血缘关系。传统武术在国内外有着深厚的群众基础，应从群众中发现能够承担此重任的人才，并进行培养，不能有门户之见，更不能有“传男不传女，传内不传外”的思想，因为那些民间传统武术中的拳种经几百年甚至上千年历史发展，并不属于某一个人或某一些人的“杰作”，而是属于中华文化。如今，传统武术正面临着一定程度上后继乏人的窘境，一些口头非物质文化已经失传或面临失传，许多艺术属独门绝技，口传心授，往往“因人而存，人亡艺绝”。所以，“传承者应有开阔的胸襟和开放的意识，改变过去那种固守秘密，其技艺、技术只在本家族内传承的狭隘做法，扩大带徒、传授的范围，要千方百计地把愿意学并有灵气的年轻人聚在自己的周围，培养出更多的合格继承人，使其技艺、技术能传承发展并弘扬光大”。

民间传统武术传承人应对其所承载的拳种进行合理的规划，这是每一位传承人都不得不去思考的问题。因为民间传统武术中的拳种太多，如果由有关部门来承担所有拳种的规划，很难做到面面俱到，并且民间武术传承人对其自身所代表的拳种要比他人来得更了解。因此，规划、宣传、推广某类拳种的重任很自然地就落在了传承人的身上。传承人应考虑如何让其所代表的拳种普及，至少要在当地普及，以最直接有效的方式为大众所接受和了解。广大人民群众才是传统武术赖以生存的基石，传统武术不应束之于高阁、藏之于深闺，应该要从群众中来，再回到群众中去。基于此，武术传承人对于其所代表的拳种的规划一定要从群众中入手，切不可“过大”“过虚”。这就需要传承人与相关部门共同制订出适当的规划实施措施，并推广到群众之中去。

创新是事物得以延续的动力，作为非物质文化遗产之一的传统武术也不例外。“我们要用科学的发展观指导非物质文化遗产保护工作，在工作中要敢于创新，勇于探索，突出特色”。因为“任何一种技艺、艺术如果只停留在一个水平上，不能随时代而不断地演进和发展，总是一副老面孔，没有容光焕发的新面貌，在传承中就会缺乏生机与活力，甚至遭到自然淘汰”，最终成为历史遗产的“残骸”。所以，对传统武术进行创新保护是至关重要的，而这种创新在很大程度上则是需要民间武术传承人来完成。这就需要每一个传承人都去考虑如何使其所代表的民间传统武术拳种从“遗产”的范畴内解脱出来，而成为一种有着生命力的活态文化。因此，民间传统武术传承人的创新保护就是要通过自身的才能和智慧不断地推动传统武术的发展，不断地为民间传统武术注入新鲜的“血液”。

近几年，绵拳保护开展得有声有色，正是基于传承人及其弟子的高度责任心。杨浦区非物质文化遗产保护分中心对区域

1 宝山区临江公园绵拳训练基地

2 复兴公园绵拳训练基地

3 浙江武义武术协会绵拳分会

4 宝山区振兴公园绵拳传承基地

内的上海绵拳的资源展开了普查。2007年3月7日，杨浦区非物质文化遗产保护分中心召开了上海绵拳专题座谈会，传承人孙红喜及朱葆生、徐小龙、孙万鹏等人参加了会议。

2008年，在众多绵拳门人的支持下，孙红喜成立了“上海兰桂坊绵拳武术俱乐部”，之后又设立了江苏江阴武术协会绵拳分会、上海宝山区临江公园绵拳训练基地、上海卢湾区复兴公园绵拳训练基地、浙江武义武术协会绵拳分会、浙江杭州绵拳办事处、绵拳德国分会等，绵拳开始走出上海。

在政府关心和支持下，在孙红喜和绵拳同仁们的努力下，绵拳于2009年及2011年先后被杨浦区、上海市命名为杨浦区非物质文化遗产保护项目和上海市非物质文化遗产保护项目。

2010年7月15日，杨浦区非物质文化遗产保护分中心在兰桂坊绵拳武术俱乐部召开了上海绵拳座谈会，探讨了上海绵拳的起源、流传和现状。

2011年1月23日，上海绵拳同仁在杨浦区文化馆第一次系统对外公开进行演练。同年2月22日，江浦社区文化中心、兰桂坊绵拳俱乐部在昆明学校签订三方

绵拳传承人证书

上海市非物质文化遗产绵拳项目代表性传承人证书

1

2

1
上海市非物质文化遗产绵拳项目代表性传承人证书

2
孙红喜与上海昆明学校副校长周燕君女士

3
2011年绵拳团拜会

4
杨浦区文化馆大会场

5
杨浦区体育局原副局长张祥泰

6
上海兰桂坊绵拳俱乐部董事长孙红喜

3

4

5

6

5

6

1

2

3

4

1
俱乐部顾问在第二届新春团拜会上

2
嘉宾和绵拳同仁合影

3
孙红喜及绵拳同仁在中国武术博物馆

4
孙红喜与中国武术博物馆常务副馆长王震教授

协议，支持绵拳技艺在民间的推广，在昆明学校建立上海绵拳的传承基地，由兰桂坊绵拳武术俱乐部委派教师到昆明学校，为学校开设绵拳的拓展课，为教师开设绵拳辅导活动。2014年，经过评审，绵拳被列入国家级非物质文化遗产代表性项目。

除了以上的相关活动，在绵拳的保护措施上还包括召开“上海绵拳传承研讨会”，在辖区小学开设上海绵拳学习班并保证教学形式的完整教案，每年举办上海绵拳展示交流会，每年保障预算经费等。

另外，绵拳传承人还积极和上海体育学院中国武术博物馆紧密合作，将绵拳的资料移交博物馆，通过多媒体数字化保护，使绵拳在网络上得到了进一步的传播。在多方面的保护下，绵拳在新的历史时期得到了很大的发展。

# 绵拳传承谱系

## 绵拳宗师

孟光银

## 第一代传人

李瑞九、孙福海、王家驹

## 第二代传人（按姓名拼音首字母排序）

成博群、陈兆富、戴陆成、邓正宽、冯阿毛、方林才、郭扣林、顾仁宗、顾祝卿、胡德富、胡蝶龙、黄寿亭、黄振祥、金钱才、李宝华、卢德仁、陆风池、李天业、李忠和、马鹤群、马益州、倪镇东、任其荣、孙宝庆、孙长根、孙长荣、邵根祥、孙华才、沈克发、唐存贵、王金堂、王松荣、王云飞、王志文、田其芳、陶勇顺、吴永根、许应元、杨连权、殷文彪、叶秀成、周大兵、朱葆生。

## 第三代传人（排名顺序不分先后）

（由于资料缺乏，下列名单恐有遗漏。）

杨龙元、高善楼、刘永发、李成林、徐小龙、谢雨生、朱吉善、方国平、周扣宝、朱绿锡、王年发、夏发度、万纪庚、蔡福林、金纪根、王柱庆、杨小土、强玉林、栾成军、孙荣建、陈志明、谢雨峰、柴桂芳、沈玉龙、曹建成、王文星、严平、王朝新、蔡洪根、蔡红霞、罗维龙、吕德泉、邵建民、邵建国、孔来福、沈家春、高松宝、王占和、汤友明、张松祥、朱正明、孙红喜、杨金殿、杨天贵、韦寿宝、朱万顺、陈国庆、陈国强、王文浒、沈永青、沈永富、朱华基、唐明生、唐明培、田木根、汪家栋、吕少云、陈庭年、周贤元、马大名、孙祖领、黄宗南、卜兆荣、施和平、李松林、李文林、钟贵明、刘洪、胡根宝、黄应稼、沈鑫根、薛国钧、钱兰根、陈启海、王银龙、叶义昌、幸光军、张云发、孙万鹏、张金文、顾建中、王荣平、杨德璋、赵万琴、谢桃魁、陈春深、贾青、王福生、徐道生、邢德明、丁梅华、刘文毅、谢德明、庆子、芮刚、潘华涵、黄厚昌、杨五虎、徐培根、川生、沈建华、秦明安、田青海、沈阿材、冯仁海、马义能、马义龙、黄克庆、韩永峰、侍克勤、唐家保、马云鹏、付元龙、徐志伟、赖仁栋、倪建辉、方超仁、郑长明、孙介和、王德忠、黄秀国、苏金荣、陶旭东、陆文明、高东庆、张昕、金海建、熊锦国、顾贵明、刘宝余、杜国义、冯金根、赵鸿奎、彭明星、黄妙江、颜方宝、王正明、顾儒生、谢富生、陈道清、杨忠学、薛建强、任健生、刘必余、刘必庆、石根强、任才高、沈海生、王朝广、吴荣华、王朝忠、王封龙、林文涛、张修安、周永林、张志明、陆洪林、张万年、夏施高、韩才华、张启发、张梅忠、将治明、洪照荣、冯伟、黄景明、翟根法、顾玉英、周福良、李荣忠、包龙秋、黄银龙、陈学童、黄修林、朱真贝、朱乃琴、姜海林等。

## 第四代习练人（排名顺序不分先后）

（由于资料缺乏，下列名单恐有遗漏。）

孙硕聆（女）、徐久苓、袁慧栋、杨正杰、罗衡郴、许光磊、朱春明、朱国杰、张远、蒋飞雷、张岭、张峰、李刚、李明、方健、朱耀华、蔡华健、丁育明、郭振华、郭良栋、夏敏、贾毅律、何元翠（女）、何元燕（女）、吾安（法国）、弘德（德国）、孙昊辰、郑骏发、王荣寿、王指华、何兴国、陈雪峰、许木兰、陈玉珍、龚俊英、朱奕玮、马福信、胡朝阳、傅洪兵、孔彬伟、曹宇、朱财民、谢基文、韩志刚、丁聪、沈雪昌、倪伟良、俞瑞龙、沈涛、朱卫平、朱红斌、高再荣、徐斌、徐国斌、方咸玉、宋阳、顾永仁、龚葵、江东城、张勇、吴兆才、王松昌、黄宏伟、姚锡林、丁春华、万仪郡（女）、万迪鑫、万秦、张步远、万雪荣、陈金元、张耀欣、黄永梁、沈天星、孙国强、许常青、腾伟敏、刘长宝、徐东辉、李亨清、李东哲、张又天、任家辉、周斌勇、查素英、李昆、徐才勇、徐建平、乔一鹏、丽玉坤、朱平、夏国安、徐惠忠、吴炳志、卢四林、王良树、方建文、王侃、张平、王虎、刘华、郑光强、王根发、潘前程、曾荣、赵西安、王凯、钱海山、沈炎、王东、陈慧桃（女）、陈金超、徐代越、戴立平、罗志敏、周国峰、刘长军、李连勇、普祥法师、如谛法师、温德胜、施成明、居青青、陶荣宝、张晔、张维利、陈渊明、卢湛、万林荣、李峰、田超帆、李作强、解厚钟、罗华生、吴兴飞、张玉涛、刘建军、史军健、史吉明、张秋景、沈健、张超智、张进彩、张宾浩、张力彬、范世奎、宗美强、李建领、马文浩、赵勇纲、高正元、罗浩云、罗浩天、王国中、张胜辉、张恩泽、蔡明翰、张胤、史福妹（女，阿根廷）、钱斌格（阿根廷）、钱小兰（女，阿根廷）、姚旭（阿根廷）、钱姚遥（阿根廷）、奥拉修伽拉斯苟（阿根廷）、巴布洛贝（阿根廷）、阿列鲁索（阿根廷）、肖宁鲁索（阿根廷）、钟波（阿根廷）、格拉乌蒂娅巴莫斯巴贝蒂（阿根廷）、花里奥（阿根廷）、帝阿娜（阿根廷），姚建忠（率：朱建森、赵金彪、狄建英）传给徐伟、李澄清、高勇青、瞿江、祝俭、王焱、刘嘉平、陈其坚、陈玉茹（女）、张振龙、徐文忠、高月峰、龚建南等。

# 绵拳传奇故事

## 绵拳宗师孟光银 手抓镖车把路让

孟光银以护镖押运为业，行走在山东、河南两地，享有盛誉。

孟光银力量甚大，善使一柄大刀，挥舞起来圆转自如，故时人赞之曰“孟关羽”，谓其有关羽再世的雄风。

有一次，孟光银护送一批贵重货物前往洛阳，为保证货物安全，一行人昼伏夜行。是日凌晨，孟光银与镖师推着独轮车，行至田间小道，宽仅容一车独行。恰在此时，对面走来另一支镖队，双方相逢于路中进退不得。孟上前与其交谈，因见对方言行有礼，颇合自己的脾气，不由豪气顿生，说道：“我且借道与你先行。”对方虽拱手相谢，却也奇怪孟将会如何借道。只见孟光银回到车前，手抓独轮车两侧扶手拱身而起，运用一把捧劲将数百斤的货车生生端起，侧身让出一条通路来，众人皆惊叹不已。

## 功夫上乘属刚柔 福海茶馆把徒授

孙福海师承孟光银，1920年从南京迁居至上海市杨浦区兰桂坊后就一直生活在这里，将绵拳传授给劳苦民众，也留下了许多脍炙人口的故事。当年见证过这些事情的人们，如今虽已是耄耋老者，但提起这些往事仍是历历在目，恨不能将听众都带回到那时去看一看。

孙福海功深力大，他的徒弟们对此印象深刻。据其徒弟回忆，孙福海曾跟徒弟们玩过一个游戏，将两条手臂往前平平地伸开，叫徒弟们上来扳，可是任凭徒弟们使出浑身解数，托、压、扳、顶，竟不能动一丝一毫。

有一回，孙福海领着大弟子孙宝庆去茶馆喝茶，聊到开心处，便说：“宝庆呀，你到后面厨房去拿块干肉皮来！”

孙宝庆很奇怪，问道：“师父，咱们来喝茶，要肉皮干什么？”

孙福海笑笑说：“你去拿吧，一点小玩意儿。”

于是，孙宝庆到后厨房找来一块干肉皮。孙福海把肉皮平放在桌上，伸出右手扣成虎爪状，食指寸劲一磕，赫然出现一个洞，将肉皮掀开，坚硬的桌面上竟似也有一个凹坑。

孙宝庆大感震惊，急忙问道："师父，这是啥功夫？"

孙福海哈哈一笑，说："这不是功夫，你再看。"

还没等孙宝庆回过神来，孙福海把肉皮再次摊平，食指连连抖动，在肉皮上斜斜地磕了三下，桌面完好无损，肉皮也没有穿破，上面只出现三个凹坑，凹坑的底部留下了一层薄如蝉翼的透明皮质，仿佛风一吹就要破碎。

孙福海看到徒弟似乎还没完全明白，只好启发他："这才叫做功夫，当你把全身的劲力都灌注在指关节这一丁点儿大的地方，一块小小的肉皮又怎能挡得住？但要在每一次发劲的过程中，精确地控制好力道，就需要千锤百炼地磨砺，而后才会有功夫。功夫练的是刚柔二劲，刚劲勇猛，柔劲顺达。纯刚无柔则劲力晦涩不能通透，纯柔无刚则如拂面微风不能制敌，两者不可偏颇。咱们绵拳的功法分'刚绵内髓'四步，便是将刚和柔放在了最重要最基础的位置。"

## 撩手掀飞"刘大师" 以武会友扬美名

上海曾有一人号称"东方大力士"，其人姓刘，力能手卷钢板，张挂条幅求人较技，曰"打遍天下无敌手"，人皆敬畏之。孙福海爱热闹，路过刘姓武师场地时，见了条幅，按捺不住心中的好奇，便进去一探究竟。当时刘姓武师并不在场子里，孙福海只能悻悻而归。过得几日后又去寻了一次，仍没见着其人，心中颇觉遗憾。

一日里，孙福海与徒弟们说起此事，孙宝庆说到此人是帮派中人，人称刘大师，他恰好认识。

几日之后，孙宝庆引刘大师来到兰桂坊，孙福海正躺在椅子上养神，半睁着眼睛问了一句："香买了吧？"

旧时武师收徒的仪式是非常隆重的，师父身着长衫正襟危坐，入门弟子顶帖汇报祖上三代的情况，然后敬香磕头。孙福海这一句"香买了吧"，字面上看是说"我收你为徒"，其实际用意是激刘大师比武较技。

果然，刘大师说："买香可以，但咱要看看东西。"孙福海腾地一下就从椅子上起身，往宽敞处站定以后说："你的力气大，我就站在这里，你要是能推得动我，就算你赢。"

刘大师上来就抱住孙福海的两肋，大马步蹲开，两膀较上了劲。可任凭刘大师左推右搡、前顶后拽，使尽了浑身解数，孙福海脚下硬是不动分毫。

过了好一会儿，孙福海叫了一声"该我了"，右肩猛地往下一沉，一记撩手应手而发。刘大师见情况不妙，急忙含胸闪化，以双臂向下抵挡，却只见这记撩手沿着刘大师的身体中线从小腹一直撩到胸口，将刘大师整个人都掀飞了出去。

刘大师爬上来后不吭一声，浑身的灰尘都顾不上拍弹，转头就出门去了。没过多久，刘大师提了香烛回来，跪下便要拜师。孙福海急忙搀住，说："还是兄弟相称罢！"一时宾主尽欢。

## "三把"折服名跤师 福海跤场显神威

摔跤是我国一种传统的民族体育运动，为两人对抗性技击项目，古代称为角力、角抵、相扑、争跤等，主要表现为摔法，内含擒、拿、打、点等多种技术，动作非常刚猛。天津是中国著名的四大跤城之一，技术体系自成一派，自古以来名家辈出，行迹遍及全国各地，自然也有众多名家往来于上海地区。

孙福海曾经与天津摔跤名师比武，当时见证的人很多，坊间都津津乐道。据朱葆生回忆，曾经有个姓刘的跤师与孙福海进行过较技。这名刘姓跤师是个十分魁梧的汉子，一身健硕的肌肉蕴含着惊人的力量，摔跤技术不同凡响。

孙福海从没练过摔跤，一身跤衣颇让其头痛，无奈之下只好不得要领地胡乱穿戴起来匆匆上了擂台。这一幕落在跤师眼中，想来应是被暗暗地奚笑了一番，连跤衣都不会穿就敢来摔跤？

两人在台上站定，双双报了名号，行过礼节，比武正式开始了。跤师跳着跤步寻找战机，孙福海站着丁字步凝神打量。转过两三圈之后，双方心里都有了数，对于对方的身形步法特征、技击风格等都大概有了判断和了解。

面对并不熟悉的摔跤，孙福海决定采用守势。跤师率先出手，只见他跳步抢进，一把抓住孙福海双肩的跤衣，往左边拖带。不同于市井之间的推搡殴斗，摔跤好手抓把绝不是揪扯衣服，而是隔着跤衣抠住下面的皮肉连撕带摔。

孙福海见跤师来势汹汹，并不与他硬抗，往后抽回前腿，多出来的这半个身位的距离，让跤师一下子没了着力的地方。顺着这个身势，孙福海重心下坠，千锤百炼的前手单拳突发寸劲，狠狠地闷在了跤师的肋部，跤师抱肋急退，脸色惨白。

待得跤师喘过气来，他再也不敢敞开门户，收起了轻视之心，进攻变得小心谨慎起来，耐心寻觅机会。跤师再次抢进，第二把使的是绊腿。孙福海看见对方脚下要有动作，纵身腾起避让，等到孙福海落地的时候，跤师刚刚收腿，尚未来得及调整身形，孙福海顺势挤进去，侧身肩靠直奔对方胸口，情急之下跤师撤步转身，曲肘回护，死死地护住了胸口，在冲撞中被顶出去好几步。

第三把，跤师左手抓小袖，右手往前撑掌，意图抓孙福海腹前的跤带。孙福海一瞧，心里乐开了花，“随你半天了，这会儿终于到咱家的把式了”，眉目含笑间含胸收腹如猿猴，让过了跤师的抓揣，用右手将跤师的右手搭扣在自己的丹田部位，前脚往前抢裆而进，丹田崩发前顶，雄浑的爆发劲如闪电一般沿着跤师的手臂传导至跤师的躯干，将这个身高体壮的大汉径直顶飞了出去。

三把过后，跤师停止进攻，心悦诚服地向孙福海表示认输，只留下围观的人们还意犹未尽。

## 切磋较技西洋拳 以小胜大武功显

上海自1843年开埠以来就是重要港口，世界各地的水手把各种西洋拳法也带到了这里。孙福海收徒授拳主要是面向生活在社会底层的民众，其中就有很多是在码头工作的人，这些徒弟自然见识过身材高大的洋水手们打拳。西洋拳凶悍直接的拳法、爆发力和抗击打能力以及身体素质上的差距，给孙福海的这群弟子留下了很深的印象，每次在师父面前聊起这个话题的时候，弟子们都隐隐显现出对自己的一种不自信。

徒弟们的心态，孙福海看在了眼里，记在了心上。一日里，孙福海遛弯来到码头工地，正好看到有靠岸的沙俄水手在练拳，远远地打量一阵后，心中有了一番计较。经过徒弟与水手的协商，对方派出了一个代表来进行较量。他身高有一米九左右，膀大腰圆，脖颈粗壮，身形灵便。凭借多年的经验，孙福海一搭眼就知道，这样的对手不好对付。

一走进比武的圈子，孙福海恍如换了一个人，笑眯眯的表情全然不见，一双眸子似要择人而噬，拉开丁字步稳稳地站在了当场。孙福海个子虽然并不高，洋拳手却也不敢轻视，而是选择先行试探，迈步打了个前手刺拳。

可就在洋拳手出拳的刹那间，孙福海忽然身形下蹲，缩抱成球，这是他的拿手好戏——绵拳猴形。洋拳手本就无意一拳建功，见孙福海那么大个人“哧溜”一下矮下去了一半便心知不妙，前脚一踩迅速向后退开，以求拉开距离重整旗鼓。孙福海可不让他就这么走了，借着猴形蓄势跃步跟上去，一把扑进了对方怀中，双拳毫不犹豫地直击洋拳手的胸口。

双拳是绵拳最重要的基本单式之一，技法上千锤百炼，且有高效的功法进行相应的专项素质训练，堪称“千斤重锤”，豹子双拳更是能借助于高速的冲撞动能转化为惊人的击打力量。

形势并没有超出孙福海所制定的战略，豹子双拳毫无意外地命中了洋拳手的胸腹部位，将洋拳手击打倒地。

经此一战之后，孙福海针对西洋拳法，将绵拳中一些特定的技法传授给码头上的这些徒弟，并告诫他们要博取众长，不可自满，也不得恃武招摇。

## 文武兼备孙长根 传奇人生留后身

武林中人常常将自己的孩子交给别人开手教拳，待至长大后才领回家亲自教导，其缘由就是怕自己狠不下心来，枉费了美玉良材。孙长根在6岁的时候就与弟弟孙林根一起被托付给孙福海的至交好友宋银龙，追随这位名冠一时的少林拳名家学习武艺，苦练三年有余。10岁的时候孙长根开始学习家传绵拳，依仗宋银龙悉心教导打下的良好基础，孙长根进步神速，系统全面地掌握了家传拳法，十八般兵器也样样精熟，成为孙福海众多弟子中的佼佼者，师兄弟们无不信服。

孙长根是个富于传奇色彩的人，生于武术之家的他从小痴迷戏曲艺术，尤其喜欢舞台上那些身披战袍叱咤疆场的将帅。凭着出众的武术功底和戏剧天分，孙长根在10岁左右就进入沪宁戏院，开始了他矢志追求的艺术生涯。1953年，上海市淮光淮剧团更名为上海市人民淮剧团，孙长根进入剧团当武生，与筱文艳、何叫天、马秀英、韩小友、何双林等著名艺术家携手合作，演出了很多优秀剧目。

孙长根艺术成就很高，是当时淮剧团的顶梁柱之一，在上海滩享有盛誉，先后为周恩来、许世友、陈丕显、王光美等领导演出，并受到亲切接见和慰问。

有人说武生和武戏是戏曲艺术的瑰宝，孙长根鲜衣亮甲的扮相十分精美，唱念做打的功夫样样精通，许多人看戏就是冲着他的武戏来的。由于从小就接受了正统全面的武术训练，孙长根不断提高对自己的要求，传统武术文化启发他不断地将武术的元素融入艺术创作中，这让他的演出有了与众不同的风格，热热闹闹的打戏仿佛有了灵魂，刻画的人物给观众留下了极为深刻的印象。

翻跟斗是武生的基本功，孙长根练得出神入化，能从三张堆叠的方桌上倒栽着翻下来，大翻套着小翻连绵不断，前翻连着后翻绝不拖泥带水，与上海市京剧团的“马猴”马正禄齐名。

梨园中的枪是小花枪，枪身细长，抖动时枪头颤抖不停，让人难以捉摸枪尖戳处，使人眼花缭乱。为了保护演员不受伤害，扎枪的时候都是朝着对方的颈部两侧去的，双方手下都留着分寸。孙长根善于耍枪，扎枪更是拿手好戏，他常常要求对方把枪尖直奔面门扎过来，待枪尖近身时才摇晃着脖颈闪避开来，看戏的观众都把心悬在了半空中，分不清到底是枪尖直追着头，还是头在追着枪。

孙长根的“宝剑入鞘”是绝活，多用于猴戏中，用以表现孙悟空神奇的本领和戏耍的神态。表演时将宝剑高高地抛到空中，手握剑鞘，剑落下时恰好落入鞘内。之后，又发展演变成为把鞘抛到空中，而手持剑，鞘落下时不差分毫地套在剑上，这中间还常常翻套着其他的做打功夫，这一绝技曾引起轰动。

除开戏剧表演艺术家的身份，孙长根

更是绵拳的核心传承者。弟弟孙林根英年早逝，传承和弘扬绵拳的历史重担全部压在了孙长根一个人肩上。孙长根从小就聪明伶俐，悟性很高，很早就开始跟父亲孙福海学习绵拳，一向严谨的父亲并没有溺爱他，反而更加严格地要求。长年累月的言传身教使得孙长根全盘继承了父亲的绵拳武艺，以身形步法灵活为主要特点，手法上善使连环，手裹身靠、肘击扒打、腾靠追打等是他最擅长的技法。

通背是绵拳的核心功法之一，长期练习可以提高人体的打击力度和抗击打能力，绵拳特有的猴形身法也是从这里出来的。孙长根练通背喜欢躺着，全身放松平摊在地上，然后身体略向一侧倾斜，异侧的膀背按照通背功的方式迅速往下沉，强大的力量作用在地面上发出沉闷的砰砰声响，而人的整个身体也在地面的反作用力下平平地腾空起来，往前或往后平移一段距离。兴致高的时候，孙长根常常从屋子的一头练到另一头，然后又倒退着练回来，隆隆的声音传出去很远，即便是隔着好几间房子的邻居都能感受到地面上传来的震动，玩笑着说“孙长根又在夯地皮了”。

孙长根是个思想开明的人，打破了传统武术保守的思想禁锢，20世纪80年代国家整理挖掘传统武术时，他就对绵拳进行了初步的整理，首次完成了绵拳理论体系的文字记载。孙长根一生授徒众多，曾在黄浦体育馆开设训练班向社会传授绵拳，其中的佼佼者成了现在绵拳传承的中坚力量，为绵拳的传承和发扬光大作出了很大的贡献。

# 附录

# Appendix

# 大事记

## 清朝末年

孟光银到上海传播绵拳。

## 1979年

绵拳参加上海隧道武术杯。

## 1982年

11月绵拳代表团出访日本表演。

## 1984年

9月绵拳代表团出访法国表演。

10月绵拳代表团出访荷兰表演。

## 1985年

5月绵拳代表团出访南斯拉夫表演。

上海市武术馆对绵拳进行整理。

## 1986年

10月绵拳代表团出访马来西亚表演。

## 2008年

孙红喜在祖父孙福海当年开免费拳馆的地方成立“上海兰桂坊绵拳武术俱乐部”。

在上海“川沙杯”国际武术博览会上，孙红喜获得绵拳项目的金牌。

绵拳获上海市杨浦区“区非物质文化遗产保护项目”。

**2009年**

在第六届浙江国际传统武术比赛上，上海兰桂坊绵拳俱乐部在所参加的绵拳比赛中获得了全部金牌。

**2010年**

7月《体坛报》报道介绍了绵拳的发展和传承之路，让更多人了解了绵拳。

在第七届浙江国际传统武术比赛中，由孙红喜带队的上海兰桂坊绵拳俱乐部取得了骄人的成绩，获得多种奖项和金牌，并获得最佳运动队称号。

上海绵拳兰桂坊俱乐部举办首届团拜会。

**2011年**

1月上海绵拳在杨浦区文化馆进行第一次系统对外公开进行演练。

2月江浦社区文化中心、兰桂坊绵拳俱乐部在昆明学校签订三方协议，三方支持“绵拳”技艺的推广，由兰桂坊绵拳武术俱乐部委派教师到昆明学校，为学校开设绵拳的拓展课，为教师开设绵拳辅导活动。

7月《上海日报（海外版）》报道绵拳，开启了绵拳海外传播的大门。

7月绵拳再登《体坛报》。

绵拳参加第八届浙江国际传统武术比赛。

绵拳被列入上海市市级非物质文化遗产名录。

孙红喜带队的上海兰桂坊绵拳俱乐部前往香港，参加“感恩杯第十届香港国际武术节”，获得数枚金牌和金牌教练的荣誉。

在江浦街道举办绵拳研讨展示会。

在绵拳同仁在杨浦文化馆举办第二次团拜会。

## 2012年

6月《东方早报》和《杨浦时报》分别报道了绵拳的历史渊源和传承基地，进一步扩展了绵拳的传播领域。

## 2013年

《解放日报》刊登介绍绵拳成功申遗的文章。

## 2014年

12月9日澎湃新闻报道绵拳：深藏在兰桂坊里的“武术秘技”。

江浦街道首届绵拳研讨会。

绵拳成功列入国家级非物质文化遗产代表性项目。

上海兰桂坊绵拳俱乐部积极筹备参加上海体育学院“交流武术技艺保护文化遗产——2014中国武术博物馆传统武术展演活动”，展示绵拳推手技法。

## 2015年

上海电视台新闻综合频道播出绵拳。

孙红喜在中国武义温泉节·第二届“武动泉城”传统武术养生大会名家名拳展示上获金奖。

绵拳参加浙江金华武艺养博会。

## 2016年

参加由中国体育科学学会武术民族传统体育分会主办，上海体育学院武术学院、中国武术博物馆、蔡龙云大师工作室承办的2016年民族传统体育非物质文化遗产项目展演及研讨会，获得优秀表演奖。

参加中国普陀国际武术节，获得武术非遗项目优秀传承奖。

举行江浦社区绵拳进校园专题研讨会。

绵拳荣获中华武术成就奖。

《新民晚报》刊登题为《访绵拳第三代传承人孙红喜》的专访。

参加浙江金华市武艺武术赛。

**2017年**

4月绵拳赴台湾参加两岸武术文化节。

7月孙红喜率上海兰桂坊绵拳武术俱乐部组织一行47人，其中运动员30名，参加了中国金华国际武术节国际传统武术交流大赛，分别参加绵拳单练、绵拳对练、三人练及绵拳集体等项目。此次比赛绵拳共荣获18金18银2铜的佳绩，为弘扬这一上海本土优秀拳种作出了积极的贡献。

9月参加国际时尚中心杨浦滨江非遗项目表演。

9月参加在中山公园举办的市民武术节。

《解放日报》刊登《身边的非遗，上海绵拳的百年历史》的文章。

参加中国普陀国际武术赛。

**图书在版编目(CIP)数据**

绵拳/上海市文化和旅游局编著. —上海:上海
人民出版社,2023
(上海市国家级非物质文化遗产代表性项目丛书)
ISBN 978-7-208-18123-6

Ⅰ. ①绵… Ⅱ. ①上… Ⅲ. ①拳术-基本知识-中国
Ⅳ. ①G852.1

中国国家版本馆 CIP 数据核字(2023)第 018286 号

**特约编辑** 舒光浩 关沪民
**责任编辑** 陈佳妮
**英文翻译** 陈佳妮
**装帧设计** 胡 斌 刘健敏

上海市国家级非物质文化遗产代表性项目丛书
**绵拳**
上海市文化和旅游局 编著

**出 版** 上海人民出版社
(201101 上海市闵行区号景路 159 弄 C 座)
**发 行** 上海人民出版社发行中心
**印 刷** 上海盛通时代印刷有限公司
**开 本** 787×1092 1/16
**印 张** 14
**版 次** 2023 年 3 月第 1 版
**印 次** 2023 年 3 月第 1 次印刷
ISBN 978-7-208-18123-6/G·2140
**定 价** 98.00 元